Guide

des difficultés

de la vie quotidienne

DU MÊME AUTEUR

Sainte Thérèse de l'Enfant-Jésus et son prochain, Lethielleux, 1962. Nouvelle édition entièrement revue, 1970 (épuisée).

L'enseignement catholique, des réalités vivantes, (en collaboration), Le Sarment-Fayard, 1982 (épuisé).

Sur la terre comme au ciel – Le sourire de sainte Thérèse de Lisieux, Le Cerf, 1979 ; 3e éd., 1990. Traductions italienne et portugaise.

Sœur Marie de la Trinité, carmélite de Lisieux - Une novice de sainte Thérèse, Le Cerf, 1986 ; 3e éd., 1993.

Le pèlerinage de Lisieux hier et aujourd'hui, (préface de René Laurentin), O.A.A., coll. « L'homme et la vie », 1989.

La basilique de Lisieux, Ouest-France, 1989.

Guide des difficultés de la foi catholique, Le Cerf, 1989 ; 6e éd., 1995 (Traductions italienne, espagnole, polonaise).

Guide des chemins de la prière, Mame, 1993 ; 2e éd., 1995.

Thérèse et Lisieux, six cents documents-photos de Helmuth Nils Loose sur l'enfance de Thérèse et sa vie au Carmel, Le Cerf-O.A.A.-Office central de Lisieux-Novalis, 1991. Traductions italienne et allemande.

Sainte Thérèse de Lisieux, album pour les jeunes (en collaboration avec Mgr Guy Gaucher), Le Cerf, 1992.

Sainte Thérèse de Lisieux - La vie en images, photographies de Helmuth Nils Loose, Cerf-O.A.A.-Office central de Lisieux-Novalis, 1995.

« Thérèse de Lisieux », *Dictionnaire de spiritualité*, Beauchesne, 1990, t. XVI, c. 576-611.

« Thérèse de Lisieux », *Dictionnaire du catholicisme*, Letouzey et Ané, 1996, t. XIV, c. 1139-1147.

« Thérèse de Lisieux », *Fêtes et Saisons*, n° 509, Le Cerf, 1996.

Pierre DESCOUVEMONT

Guide des difficultés de la vie quotidienne

Le Sarment
FAYARD

Imprimi potest
Cambrai, le 29 juin 1996
Jean Defossez.

Imprimatur
Cambrai, le 16 juillet 1996
Jacques Delaporte,
archevêque de Cambrai.

Introduction

« Mon Père, quels remèdes me proposez-vous pour guérir de mon orgueil, de ma jalousie ou de mon impatience ? Vous savez que je retombe souvent dans ce péché et je voudrais m'en sortir. Ne pourriez-vous pas m'indiquer quelques conseils très pratiques pour m'aider à progresser ? »

Pour répondre à ces questions toutes simples qui m'ont souvent été adressées au cours d'un entretien spirituel, il m'est arrivé de rédiger une véritable ordonnance qui détaillait avec autant de précision que possible les pistes que l'intéressé devait suivre pour parvenir au but qu'il désirait atteindre.

Pour lui suggérer qu'il devrait reprendre sans cesse son effort, je me permettais même d'ajouter parfois au bas de la page : À renouveler tous les quinze jours !

Peu à peu, je me suis aperçu que, tout en étant très personnalisées, ces ordonnances se recoupaient sur plusieurs points. J'ai alors réalisé que certains conseils convenaient à tous ceux qui avaient des difficultés en tel ou tel domaine de la vie chrétienne.

J'ai même constaté que moines et moniales étaient heureux de s'entendre rappeler des principes que j'avais exposés quelques jours plus tôt à des couples ou à des célibataires. La chose est bien normale, car ce sont, en définitive, les mêmes vérités évangéliques qui permettent à un moine d'accepter certaines décisions de son Père Abbé, à un mari d'accepter certaines réflexions de son épouse... et réciproquement.

C'est donc un ensemble d'ordonnances que le lecteur trouvera dans les douze chapitres de ce petit volume. Il fait suite à deux autres ouvrages publiés précédemment, qui tentaient de répondre à des interrogations posées dans le cadre de mon ministère.

Le *Guide des difficultés de la foi catholique* passe en revue trente-six questions provenant de jeunes et d'adultes devant certains aspects étonnants de la foi chrétienne.

Le *Guide des chemins de la prière* indique quelques pistes à suivre pour surmonter les obstacles que peuvent rencontrer ceux et celles qui veulent entrer dans la prière et y persévérer.

Ce nouvel ouvrage est, comme les deux précédents, la reprise de polycopiés que j'ai distribués à la suite de nombreuses conférences que j'ai données depuis quelques années sur ces différents sujets.

Il s'enrichit des remarques que m'ont adressées mes auditeurs, et je les remercie de m'avoir encouragé à les proposer à un plus large public.

Le lecteur ne sera pas étonné de trouver ici ou là des allusions à l'exemple et à la spiritualité de sainte Thérèse de l'Enfant-Jésus dont je poursuis l'étude depuis de longues années. Tout en ayant été appelée à vivre une vie cloîtrée bien particulière — une vie de carmélite à la fin du siècle dernier —, Thérèse est en effet un modèle dont s'inspirent depuis un siècle des milliers de chrétiens de toute culture et de tout âge. Mais nous ne perdons pas de vue que Thérèse n'a fait que monnayer en termes très simples, à l'usage de ses novices, des principes évangéliques qui ont fait vivre depuis vingt siècles tous les saints de notre histoire chrétienne. C'est pourquoi l'on trouvera tout au long de ces chapitres, notées dans les encadrés, des citations d'auteurs très divers. Elles nous rappelleront qu'à travers des expressions très variées, les chrétiens ont toujours trouvé dans leur Évangile les secrets d'une vie morale joyeuse et dynamique.

Chacun des chapitres se termine par un certain nombre de distiques, tercets ou quatrains composés par Marie Baudouin-Croix, un poète de Normandie qui a publié en 1994, aux Éditions du Cerf, une traduction poétique des cent cinquante psaumes de la Bible : *En ton cœur enfouis ces paroles*. Ces « lignes d'oraison », selon l'expression de l'auteur, expriment de façon imagée et fort concise quelques-uns des conseils que j'adresse fraternellement à ceux et celles qui auront envie de lire ces pages.

Je remercie enfin M. l'abbé Fernand Broie, qui m'a fait l'amitié d'illustrer par des caricatures chacune des difficultés auxquelles j'essaye de répondre dans cet ouvrage[1]. Quelques-unes d'entre elles ont été conçues par Jean Dépret, aujourd'hui décédé, qui transformait volontiers en dessins les enseignements que je pouvais lui donner.

1. Aumônier d'hôpital durant de longues années, l'abbé Broie a lancé une revue dont les dessins et les histoires humoristiques apportent un peu de joie aux malades, aux convalescents... et à leurs visiteurs : *Pilules*, 7 rue Maréchal-Foch, 59297 Villers-Guislain.

Trop, c'est trop !

Dieu exagère

1. Mes cris de révolte sont légitimes
2. Mon combat contre le mal ne doit jamais cesser
3. La mise en œuvre des trois vertus théologales
   Un acte de foi
   Un acte d'espérance
   Un acte d'amour

Chapitre premier

Dieu exagère

Il y a des moments où nous avons vraiment l'impression que Dieu exagère : les difficultés s'amoncellent et nous ne pouvons pas nous empêcher de crier : « Trop, c'est trop, Seigneur ! Tu devrais T'arranger pour que les tuiles ne tombent pas toujours sur les mêmes. Je sais bien que les saints ont salué leurs croix comme des cadeaux de ta Main, mais, moi, je ne suis pas un saint ! Aujourd'hui, Seigneur, je n'en peux plus ! »

Une maman m'annonçait il y a quelque temps la mort de son garçon, victime d'un accident d'avion. C'était le quatrième enfant qu'elle perdait. « Vous savez, me disait-elle, que j'ai assez bien accepté la mort des trois premiers. Mais cette fois je suis vraiment au bord de la révolte. J'admire mon mari, il fait face ! Mais moi, je suis effondrée. Dites-moi : Pourquoi le malheur vient-il frapper de nouveau à la porte de notre foyer ? »

1. Mes cris de révolte sont légitimes

Ces cris de protestation ne sont nullement des péchés. Ils sont même, en un sens, un hommage implicite rendu au Créateur qui n'avait pas programmé au point de départ une telle avalanche de maux. Le péché des anges et celui de nos premiers parents sont venus bousculer ses plans.

Nous ne pouvons pas imaginer l'univers dans lequel nous aurions vécu s'il n'avait pas été abîmé par le péché des origines mais nous savons que nous devons vivre désormais dans un « monde cassé », pour reprendre l'expression de Gabriel Marcel. Un monde où le pire peut arriver !

Pour que nous ne soyons pas trop étonnés de ces mouvements de révolte qui naissent dans nos cœurs, la Bible elle-même dresse devant nos yeux l'exemple de Job, ce saint homme qui n'hésite pas à poser des questions à Dieu, lorsqu'une cascade de malheurs s'abat sur lui :

> Si j'ai péché, que T'ai-je fait à Toi,
> l'observateur attentif de l'homme ?
> Pourquoi m'as-Tu pris pour cible,
> pourquoi Te suis-je à charge ?
>
> Jb 7, 20.

> Je crie vers Toi et Tu ne réponds pas
> je me présente sans que Tu me remarques,
> Tu es devenu cruel à mon égard
> ta main vigoureuse s'acharne sur moi.
>
> Jb 30, 20-21.

Ces cris de protestation, nous les faisons nôtres, lorsque nous reprenons la prière des psaumes :

> Pourquoi, Seigneur, nous rejeter sans fin,
> pourquoi cette colère sur les brebis de ton troupeau ?
>
> Ps 74, 1.

> Le Seigneur ne fera-t-il que rejeter,
> ne sera-t-il jamais plus favorable ?
> Dieu oublierait-il d'avoir pitié,
> dans sa colère a-t-il fermé ses entrailles ?
> J'ai dit : « Une chose me fait mal,
> la droite du Très-Haut a changé. »
>
> Ps 77, 10-11.

Ces cris doivent plaire infiniment plus à Dieu que l'attitude de ceux qui finissent par se résigner à ce qui leur arrive en essayant de se persuader qu'en définitive il est possible de ne pas trop souffrir des contrariétés de l'existence ; il suffit d'éliminer de son cœur tout désir, de supprimer tout attachement aux personnes et aux choses qui nous entourent.

Telle est la solution proposée par les philosophes stoïciens pour apaiser nos déceptions : « Si tu veux que tes enfants, ta femme et tes amis vivent toujours, tu es un sot ; tu veux, en effet, que ce qui ne dépend pas de toi en dépende[1]. » Ainsi parle Épictète. Telle n'a pas été l'attitude de Jésus devant les difficultés qu'Il a rencontrées. Il ne s'est pas rendu indifférent aux événements. L'Évangile nous dit qu'Il fut « étonné de l'incrédulité des gens de Nazareth » (Mc 6, 6). Il ne s'attendait donc pas à être si mal accueilli dans la synagogue de son village. Il en a certainement souffert. *A fortiori* a-t-il souffert de l'abandon de ses disciples au moment de sa Passion. Attaché à sa croix, Il lance même vers son Père une douloureuse interrogation : « Mon Dieu, mon Dieu, pourquoi m'as-tu abandonné ? »

Ne soyons donc jamais surpris ni culpabilisés d'être habités par des questions semblables, lorsque l'épreuve nous étreint.

2. Mon combat contre le mal ne doit jamais cesser

Sachant que Dieu n'aime pas voir souffrir ses enfants, le chrétien prend tous les moyens en son pouvoir pour éliminer ou diminuer sa douleur – et celle de ses frères. Comme le disait avec justesse Mgr Ancel, un mal de tête n'est vraiment volonté de Dieu qu'après l'absorption d'un cachet d'aspirine.

Le chrétien sait aussi qu'il a le droit de prier, comme l'a fait Jésus à Gethsémani, pour que cette souffrance disparaisse ou s'amenuise. Mais, comme son Maître, il s'efforce d'ajouter le plus vite possible : « Cependant, Père, que ce soit ta volonté qui se fasse et non la mienne ! »

1. *Manuel*, XIV, 1.

Il est vrai qu'aujourd'hui beaucoup de chrétiens trouvent inadmissible l'idée qu'on puisse prier ainsi. Comment Dieu pourrait-Il vouloir notre souffrance ? Elle est tellement contraire au projet de bonheur qu'Il a sur chacun de nous !

3. La mise en œuvre des trois vertus théologales

Nous sommes pourtant obligés de constater que tous les saints de notre histoire ont vécu les épreuves inévitables de leur vie en les considérant comme permises par un Père plein de sollicitude et dans la certitude qu'ils pouvaient s'en servir pour grandir dans la foi, l'espérance et la charité.

• *Un acte de foi*

Les livres de l'Ancien Testament nous font souvent contempler la Main créatrice qui ne cesse de nous porter et de nous façonner :

> C'est toi, le Maître de tout :
> dans ta main, force et puissance ;
> tout par ta main grandit et s'affermit.
>
> 1 Ch 29, 12.

> Les âmes des justes sont dans la main de Dieu
> et nul tourment ne les atteindra.
>
> Sg 3, 1.

> Nous sommes le peuple qu'Il conduit,
> le troupeau guidé par sa main.
>
> Ps 95, 7.

Aussi sommes-nous invités à recevoir de la main même de Dieu tous les aléas de l'existence. « Si nous accueillons le bonheur comme un don de Dieu, explique Job à sa femme, comment ne pas accepter le malheur de la même façon ? » (Jb 2, 10.) Il disait encore : « Quand bien même Dieu me tuerait, j'espérerais encore en Lui » (13, 15).

Saint Paul ne tient pas un autre langage, lorsqu'il affirme : « Tout concourt au bien de ceux qui aiment Dieu » (Rm 8, 28, traduction de la Vulgate). Ce qui lui fait dire une page plus loin : « Oui, j'en ai l'assurance, ni la mort, ni la vie, ni les anges, ni les principautés, ni le présent, ni l'avenir [...] ni aucune autre créature ne pourra nous séparer de l'amour de Dieu manifesté dans le Christ Jésus notre Seigneur » (Rm 8, 38-39).

C'est vraiment le moment de nous rappeler que la foi nous fait adhérer à des vérités qui ne sont pas du tout évidentes ! On pourrait conclure la lecture de ces versets de l'apôtre en s'écriant : incroyable, mais vrai !

Ce sont ces affirmations vigoureuses de l'Écriture qui sont à l'origine de ce que le père Jean-Pierre de Caussade a appelé *L'Abandon à la Providence divine*[1]. Ce jésuite de la fin du XVIIIe siècle exprime avec force notre devoir de « prendre tout en gré », selon l'expression chère à Jeanne d'Arc.

L'auteur ne nous encourage pas du tout à démissionner de nos responsabilités et à faire preuve de lâcheté en laissant les tyrans exercer leur empire sur le monde. Mais il nous invite à lire les événements avec autant de foi que nous lisons les Saintes Écritures. Dieu y manifeste sa volonté et nous devons donc accueillir ce qui nous arrive comme faisant mystérieusement partie de son « bon plaisir » et vivre dans la paix chaque instant de notre vie : « Sans cesse l'on trouve à redire à l'action divine, ce que l'on n'oserait faire du moindre artisan dans son art [...]. La volonté divine peut-elle venir mal à propos, peut-elle avoir tort ? [...]

« Mais j'ai telle affaire, une telle chose me manque [...].

« Et moi je dis que la volonté de Dieu est la seule chose nécessaire. Ainsi tout ce qu'elle ne donne point est inutile[1]. »

Convaincus d'être toujours et partout dans la main de Dieu, les saints s'y abandonnent avec une confiance toute

1. *L'Abandon à la Providence divine*, Desclée De Brouwer, coll. « Christus », 1966, pp. 118-119. L'ouvrage n'a été édité qu'en 1861 par un autre jésuite, le père Henri Ramière, directeur de l'Apostolat de la prière.

filiale. Qu'il suffise de citer l'admirable prière du père de Foucauld (voir p. 208).

Même confiance chez Thérèse de Lisieux. Un an avant sa mort, elle écrit au père Roulland : « Plus que jamais, je comprends que les plus petits événements de notre vie sont conduits par Dieu[1]. » Et au tout début de son premier manuscrit elle avait écrit : « De même que le soleil éclaire en même temps les cèdres et chaque petite fleur comme si elle était seule sur la terre, de même Notre-Seigneur s'occupe aussi particulièrement de chaque âme que si elle n'avait pas de semblables ; et comme dans la nature toutes les saisons sont arrangées de manière à faire éclore au jour marqué la plus humble pâquerette, de même tout correspond au bien de chaque âme. »

C'est sur le texte de saint Paul cité plus haut (Rm 8, 28) que Thérèse, on le voit, appuie sa conviction. Conviction qu'elle exprime en recopiant un verset de psaume sur la dernière page du recueil des quatre Évangiles qu'elle portait toujours sur elle : « Seigneur, Vous me comblez de joie par *tout* ce que vous faites » (Ps 92, 5).

Et Thérèse avait souligné le mot « tout », persuadée que « tout est grâce ». Ces trois mots que Georges Bernanos rendit célèbres en les mettant sur les lèvres du « curé de campagne » à la fin de son roman, Thérèse les employait souvent. Elle s'en servit notamment le 5 juin 1897, un jour où elle se demandait si elle allait recevoir l'extrême-onction avant de mourir. À l'époque, en effet, on ne donnait le sacrement qu'aux malades parvenus « à toute extrémité », aux portes de la mort. « Si vous me trouviez morte un matin, confie-t-elle, n'ayez pas de peine : c'est que papa le bon Dieu serait venu tout simplement me chercher. Sans doute, c'est une grande grâce de recevoir les sacrements mais quand le bon Dieu ne le permet pas, c'est bien quand même : tout est grâce[2]. »

1. LT 201.
2. CJ 5.6.4.

Disciple fervent de Thérèse – il avait présenté au pape Pie XI un dossier visant à la faire déclarer docteur de l'Église –, le père Desbuquois avait appris à dépasser l'écorce superficielle des événements pour y découvrir « le bon plaisir de Dieu » : « Paix en tout ce qui vous arrive, écrit-il à une religieuse vouée au soin des malades. Abandon confiant. Dieu mène tout. » Et il encourage une autre correspondante en lui disant : « Vous avez magnifiquement rendu hommage à la nouvelle incursion de Dieu dans votre vie, dans vos projets. Il s'est plu à les mettre en miettes. Non, c'est trop peu dire, à y créer le désarroi, à les rendre incertains, obscurs, imprévisibles. C'est plus dur, mais combien plus divin, plus sanctifiant pour l'âme [...]. Rivez-vous à la foi, à la parole du Christ Jésus. S'il vous est loisible, recueillez les plus belles paroles où Il a exprimé, formulé en termes éternels, sa devise : "Père, que votre volonté soit faite, et non la mienne." "Ma nourriture est de faire la volonté du Père qui m'a envoyé[1]." »

Même réflexe de foi chez Dietrich Bonhoeffer, ce pasteur luthérien qui fut pendu par les nazis le 9 avril 1945, à l'âge de trente-neuf ans, pour s'être opposé à leur idéologie : « S'il vous plaît, écrit-il le 22 décembre 1943, ne vous faites aucun souci pour moi si quelque chose de pire m'arrive [le transfert dans un camp de concentration]. D'autres frères y ont passé. Le vrai danger consiste à vaciller sans croire, à délibérer indéfiniment sans agir, et à ne rien oser. Je dois avoir la certitude d'être entre les mains de Dieu et non celles des hommes. Alors tout devient facile, même la privation la plus dure[2]. »

1. *Vivre le bon plaisir de Dieu*, Beauchesne, 1964.

2. *Résistance et soumission*, trad. Lore Jeanneret, Labor et fides, 1973, p. 184.

> Ô Seigneur, je le désire.
> Que mon acceptation soit toujours plus entière, plus large, plus intense !
> Que mon être se présente toujours plus ouvert, plus transparent, à votre influence !
> Et qu'ainsi je sente votre action toujours plus proche, votre présence toujours plus dense, partout autour de moi.
> *Fiat, Fiat.*
>
> PIERRE TEILHARD DE CHARDIN,
> *Le Prêtre*, Seuil, 1965, p. 30.

• *Un acte d'espérance*

Il est vrai qu'un tel abandon au bon plaisir de Dieu dépasse considérablement nos pauvres forces humaines. Aussi le chrétien attend-il de Dieu – et de Lui seul – la grâce de faire face à des situations humainement insurmontables.

Pour étayer son espérance, il s'appuie sur une parole de l'apôtre : « Dieu est fidèle, écrit-il dans sa première lettre aux Corinthiens. Il ne permettra pas que vous soyez tentés au-delà de vos forces, mais avec la tentation, Il vous donnera le moyen d'en sortir et la force de la supporter » (1 Co 10, 13).

Une parole qu'il faut utiliser comme missile contre la tentation de découragement lorsque nous avons l'impression d'être engagés dans une impasse, et que nous avons vraiment envie de dire : cette fois, c'est intolérable ! Je baisse les bras !

Nous faisons alors grand plaisir au Seigneur en Lui redisant que Lui seul peut nous sauver du désespoir. C'est d'ailleurs dans ces moments terribles que notre prière se fait vraiment suppliante. Au lieu de chanter : « Louez le Seigneur, car Il est bon » (Ps 118, 1), nous lançons vers Lui un véritable SOS :

> Écoute, Seigneur, réponds-moi,
> car je suis pauvre et malheureux.
> Veille sur moi qui suis fidèle, ô mon Dieu,
> sauve ton serviteur qui s'appuie sur toi.
>
> Ps 86, 1-2.

Jamais nous n'avons le droit de penser que le Seigneur exagère avec nous. Dieu qui fait les croix fait aussi les épaules, et nul ne l'égale dans l'art des proportions. Ou plutôt ce sont les épaules de Jésus qu'Il nous offre pour que nous puissions y appuyer notre faiblesse. Comme le disait justement saint François de Sales, « le Seigneur accompagne sur le chemin les brebis fidèles, mais les fragiles, Il les porte sur ses épaules ». Et il y a de la place pour tous sur les épaules du Bon Pasteur.

Après L'avoir supplié par trois fois de le délivrer de son « écharde », Paul entend le Seigneur lui dire : « Ma grâce te suffit, car ma puissance se déploie dans la faiblesse » (2 Co 12, 9). À sa suite, je dois vivre mes épreuves avec la certitude que le Christ fait passer en moi la force de son Esprit.

Nous ne pouvons acquiescer pleinement à la volonté du Père qu'en laissant passer en nous le oui plénier, parfait, que Jésus Lui a donné durant toute sa vie terrestre et qu'Il continue à Lui offrir dans le ciel. Comme nous le disons au cours de nos eucharisties, c'est parce que nous sommes animés et unis par l'Esprit de Jésus que nous *pouvons* dire : « Père, que ta volonté soit faite sur la terre comme au ciel ! »

Après coup, nous pourrons même dire que l'épreuve nous aura été profitable, qu'elle nous aura rappelé notre condition de créature pauvre et fragile, qu'elle nous aura fait sortir de notre suffisance, qu'elle nous aura permis de comprendre davantage nos frères, en un mot qu'elle nous aura purifiés.

Mais il ne nous est pas demandé de reconnaître cette valeur bénéfique de l'épreuve au moment où nous la subissons. Il y a même des drames qui nous paraîtront toujours épouvantables et dont l'existence ne cessera jamais de nous déconcerter.

Nous savons seulement que nous pouvons profiter de toutes ces épreuves – aussi incompréhensibles soient-elles – pour redire au Seigneur notre confiance indéfectible en son amour. C'est déjà beaucoup. Nous croyons que toute épreuve peut nous faire grandir dans la foi et l'espérance. Elle peut aussi, nous allons le vérifier, faire mûrir notre amour et nous permettre de contribuer ainsi au salut de nos frères.

• *Un acte d'amour*

Le chrétien est en effet convaincu qu'en continuant à croire à l'amour de son Dieu, il sauve le monde avec le Christ et en Lui. Ce qui plaît à Dieu, ce ne sont évidemment pas nos souffrances elles-mêmes, mais la confiance avec laquelle nous les supportons. Malgré les épines qui blessent notre corps ou notre affectivité, nous offrons alors au Seigneur, dans le fond de notre cœur, un chant de confiance et d'amour.

Cette conviction, remarque Malraux, s'exprime magnifiquement au porche de nos cathédrales. Le sourire d'un visage gothique n'est pas celui d'un bouddha, le sourire de quelqu'un qui, tout en essayant de compatir aux souffrances de tous les êtres de l'univers, n'est plus atteint par leur morsure ; c'est le sourire d'un homme ridé, buriné par les épreuves, mais qui croit à la fécondité de sa vie. « Les plus belles bouches gothiques, écrit-il, sont les cicatrices d'une vie[1]. »

« Depuis la venue du Christ, remarquait le père Charles[2], nous sommes délivrés, non du mal de souffrir, mais du mal de souffrir inutilement. » Cette humble certitude d'exercer ainsi une véritable maternité spirituelle, Paul Claudel la met sur les lèvres de Violaine, confiant à son père à la fin de *L'Annonce faite à Marie* : « Père ! Père ! Ah que c'est doux, ah que cela est terrible de mettre une âme au monde[3] ! »

Car la joie de sauver le monde avec le Christ ne supprime pas le caractère souvent terrible de nos épreuves ! Paul connaissait cette coexistence de la joie et de la souffrance lorsqu'il écrivait aux Colossiens à la fin de sa vie : « En ce moment, je trouve ma joie dans les souffrances que j'endure pour vous, et je complète en ma chair ce qui manque aux épreuves du Christ pour son corps, qui est l'Église » (2, 24).

1. *Les Voix du silence*, NRF, Gallimard, 1951, p. 215.
2. Un jésuite belge qui a beaucoup réfléchi, au début de ce siècle, sur l'apostolat de l'Église en pays de missions.
3. NRF, Gallimard, 1940, p. 215.

Cette phrase est évidemment mystérieuse. Elle ne peut se comprendre qu'à la lumière du sacrifice même que le Christ a offert à son Père sur la croix.

Tout en rappelant sans cesse le caractère infiniment miséricordieux du Père, toujours prêt à pardonner les fautes de ses enfants, les écrits du Nouveau Testament ne cessent d'affirmer en effet la valeur sacrificielle de la mort du Christ.

C'est l'enseignement explicite de la lettre aux Hébreux ; c'est aussi celui de Paul et de Jean reflétant la pensée de Jésus Lui-même. Avant d'être livré à ses ennemis, Il donne à ses disciples la coupe de son sang qui doit être versé « en rémission des péchés ». Il est l'Agneau de Dieu venu « pour effacer les péchés du monde ».

Les théologiens ne peuvent que balbutier quelques éléments de réponse devant ce mystère inouï de la Rédemption. Les hommes ne comprendront jamais parfaitement pourquoi il a fallu la souffrance du Fils bien-aimé pour que le monde soit réconcilié avec Dieu. Cette « nécessité » scandalisait déjà l'apôtre Pierre ! Ne soyons donc pas étonnés d'être nous-mêmes déconcertés par ce mystère.

Mais nous ne pouvons pas l'éliminer. Il est au cœur de l'Évangile, au centre de la toute première catéchèse que Jésus donna à ses disciples sur le chemin d'Emmaüs : « Ô cœurs sans intelligence, lents à croire tout ce qu'ont annoncé les prophètes ! Ne fallait-il pas que le Christ endurât ces souffrances pour entrer dans sa gloire ? » (Lc 24, 25-26.)

Comment comprendre cette donnée essentielle de notre foi ?

Rappelons d'abord qu'à la différence des païens, les chrétiens n'ont jamais affirmé que leur Dieu fût un Jupiter assoiffé de sang, réclamant le sacrifice d'Iphigénie pour faire souffler sur la flotte des Grecs des vents favorables à leurs entreprises guerrières.

Même lorsqu'une certaine théologie s'est mise à penser que le sacrifice du Christ était destiné à apaiser la justice d'un Dieu courroucé par nos péchés, les chrétiens ont continué à proclamer haut et clair qu'Il était « tendresse et pitié, lent à la colère, plein d'amour et de fidélité ».

Pour éclairer le mystère de la souffrance rédemptrice, il est bon de se souvenir que Dieu n'est nullement paternaliste. Il ne veut pas réaliser notre salut sans nous. Il nous aime tellement qu'Il veut nous associer à l'œuvre de notre rédemption.

Sans en avoir vraiment besoin – puisque son amour pour nous est inconditionnel, absolument gratuit –, Il a voulu que nous puissions faire quelque chose pour réparer nos blasphèmes, nos ingratitudes, tous nos péchés. Par le Christ et en Lui, nous pouvons Lui offrir les actes d'amour qui sortent du plus profond de notre être au cœur même de nos souffrances.

C'est l'amour du Fils bien-aimé qui plaisait au Père, lorsqu'Il Le voyait souffrir au Calvaire ; c'est notre amour qui Lui plaît, lorsque nous sommes associés à sa Croix. Car le disciple n'est pas au-dessus du Maître. Si nous voulons suivre le Christ et participer avec Lui au salut de nos frères, nous devons nous aussi porter notre croix un jour ou l'autre, ou plutôt « tous les jours de notre vie » (Lc 9, 23).

On ne dira jamais trop que Dieu n'aime pas nos souffrances – elles sont un mal ! Mais Lui plaisent infiniment les sourires que nous arrivons à Lui offrir tout au fond de notre cœur, alors même que nous sommes terriblement blessés par les épreuves de notre vie.

À l'exemple du Christ, le chrétien essaie aussi de « profiter » des souffrances que ses frères lui infligent pour leur montrer que, en définitive, il ne leur en veut pas et qu'il est même heureux d'avoir cette occasion privilégiée de leur manifester son amour. Telle est la délicatesse du « pardon » chrétien. Telle est aussi la victoire de l'amour sur la haine : alors que l'autre voulait me démolir par le mal qu'il m'infligeait – et qui continue à m'affliger –, je me sers de ce mal pour lui montrer que je continue à l'aimer. Et si mon frère n'accepte pas mon pardon, je sais que je ne perds pas mon temps à l'aimer encore dans l'espérance d'une réconciliation future.

La mystérieuse fécondité du martyre

Les apôtres de tous les temps ont cru à la formidable fécondité du martyre. Apparemment, le martyr est un homme qui échoue complètement dans son apostolat, puisqu'il n'a pas réussi à convertir ceux qui le condamnent et qui interrompent ainsi son ministère. Mais, à la suite de Tertullien, il ose penser que « le sang des martyrs est une semence de chrétiens ».

C'est pourquoi les martyrs voient souvent arriver leur supplice avec une merveilleuse sérénité. Ainsi saint Théophane Vénard, ce jeune prêtre des Missions étrangères de Paris, décapité au Tonkin en 1861, à l'âge de trente-deux ans.

Quelques jours avant sa mort, il écrivait à son père :

« Très cher, très honoré et bien-aimé Père,

« Puisque ma sentence se fait encore attendre, je veux vous adresser un nouvel adieu, qui sera probablement le dernier. Les jours de ma prison s'écoulent paisiblement. Tous ceux qui m'entourent m'honorent, un bon nombre m'aiment. Depuis le grand mandarin jusqu'au dernier soldat, tous regrettent que la loi du royaume me condamne à mort. Je n'ai point eu à endurer de tortures, comme beaucoup de mes frères. Un léger coup de sabre séparera ma tête, comme une fleur printanière que le Maître du jardin cueille pour son plaisir. Nous sommes tous des fleurs plantées sur cette terre que Dieu cueille en son temps, un peu plus tôt, un peu plus tard. Autre est la rose empourprée, autre le lys virginal, autre l'humble violette. Tâchons tous de plaire, selon le parfum ou l'éclat qui nous sont donnés, au souverain Seigneur et Maître.

Je vous souhaite, cher Père, une longue, paisible et vertueuse vieillesse. Portez doucement la croix de cette vie, à la suite de Jésus, jusqu'au calvaire d'un heureux trépas. Père et fils se reverront au paradis. Moi, petit éphémère, je m'en vais le premier. Adieu.

Votre très dévoué et respectueux fils,

J.-Th. Vénard. »

Cité dans Ch. SIMONNET,
Théophane, celui qui embellissait tout,
Le Sarment-Fayard, 1983, pp. 126-127.

Les chrétiens n'oublient pas qu'il y a d'autres façons de porter sa croix chaque jour à la suite du Christ.

Dieu exagère ? Oui, pas dans le sens où tu es tenté de le penser lorsqu'une nouvelle épreuve tombe sur toi.

Regarde ton crucifix ! Contemple longuement le corps de Jésus dépouillé de ses vêtements et affreusement torturé, ses poignets et ses pieds encloués, son visage de supplicié, et tu verras qu'Il s'est vraiment « mis en quatre » pour te prouver son amour. Oui, Il a laissé les hommes distendre ses quatre membres sur les deux bras de la croix pour que plus jamais on ne puisse dire : « Dieu ne sait pas ce que c'est que de souffrir ! »

Dieu, Tu exagères ! Mais c'est en amour que Tu exagères !

Et ton amour est si délicat que Tu veux bien associer nos épreuves au sacrifice que Tu as offert une fois pour toutes à Jérusalem pour nous sauver.

Apprends-moi, s'il Te plaît, à transformer peu à peu mes cris de révolte en chants d'amour et de reconnaissance.

DIEU EXAGÈRE

Porte-moi sur ton cœur
Ô Berger, mon Sauveur,
Pour que je n'aie plus peur
De souffrir aussi fort.

~

C'est bien l'envers du canevas
Que tu tapisses de tes croix,
Mais au Ciel Dieu te montrera
La beauté des points à l'endroit.

~

La brûlure du four
Donnera la beauté
Du vase œuvré au tour
Par le divin Potier.

~

Ne te reproche pas
D'avoir peur de souffrir,
Car Jésus l'éprouva
La veille de mourir.

~

Si tu te sens trop las,
Dis-toi que Dieu est là.

Marie BAUDOUIN-CROIX

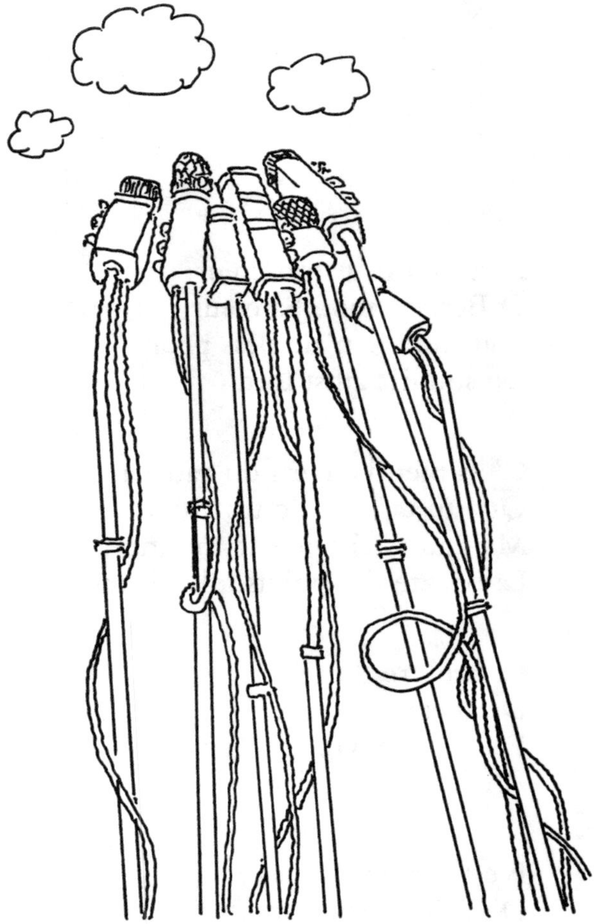

Pourquoi ne répond-Il pas ?

Dieu ne m'exauce pas

1. Une épreuve universelle
2. Une épreuve qui me fait grandir
   Ma foi s'approfondit
   Mes désirs se mettent en place
   Mon action de grâce s'affermit
   Mon espérance se creuse
   Aucune de mes prières n'est perdue
3. La surprise est pour le ciel

La prière selon l'Esprit

CHAPITRE II

Dieu ne m'exauce pas

C'est un fait. Beaucoup de nos prières de demande ne sont pas exaucées, même celles qui nous paraissent les plus légitimes et que nous adressons au Seigneur avec la confiance de l'enfant et la persévérance de l'importun qui tambourine à la porte de son voisin pour en obtenir de quoi sustenter un ami de passage (Lc 11, 5-8).

> Le fait que nos prières ne sont pas exaucées est l'un des arguments utilisés par l'abbé Meslier (1664-1729), curé plus de quarante ans près de Mézières, pour asseoir son athéisme virulent : « Jésus-Christ disoit qu'il n'avoit qu'à demander qu'on recevroit, qu'il n'y avoit qu'à chercher et qu'on trouveroit, et il assuroit que tout ce qu'on demanderoit à Dieu en son nom, qu'on l'obtiendroit [...]. Si cette promesse étoit véritable, ou qu'elle dût véritablement avoir son effet, personne, et particulièrement personne d'entre nos christicoles, ne devroit jamais manquer de rien de ce qui lui seroit nécessaire [...]. Cependant, on ne voit aucun effet de ces belles promesses-là, au contraire on voit tous les jours, parmi eux, une infinité de pauvres malheureux, de pauvres nécessiteux qui sont dans l'indigence de tout, qui demandent et qui ne reçoivent rien, qui cherchent et qui ne trouvent rien. »
>
> *Mémoire des pensées et sentimens de Jean Meslier, prêtre, curé d'Estrépigny et de Balaive*, dans *Œuvres de Jean Meslier*, Paris, Anthropos, 1970-1972, t. 1, p. 308.

> Le *Mémoire* ou *Testament* du « curé Meslier » a exercé une très grande influence jusqu'à nos jours. Voltaire l'a beaucoup utilisé, et l'on peut lire sur un des murs du Kremlin une épitaphe en son honneur.

Quelques principes fondamentaux tirés de l'Écriture et de la Tradition devraient nous permettre de ne plus jamais céder à la tentation de penser que certaines de nos prières ne servent à rien.

1. Une épreuve universelle

Les saints eux-mêmes n'ont pas été exaucés dans toutes leurs demandes : ils en ont fait souvent la douloureuse expérience.

Sainte Thérèse de l'Enfant-Jésus est morte avant d'avoir vu la conversion de personnes pour lesquelles elle avait prié avec la confiance qu'on lui connaît. Si Dieu a merveilleusement exaucé le désir de ses quatorze ans, si Pranzini a fait un geste de repentir avant d'être exécuté, il n'en a pas été de même pour le père Hyacinthe Loyson, ce carme qui avait quitté son ordre pour fonder, après le concile Vatican I, une Église dissidente. Thérèse a prié pour lui pendant six ans, elle a offert pour lui sa dernière communion, le 19 août 1897, en la fête de saint Hyacinthe, mais elle n'a jamais chanté de *Magnificat* pour sa conversion. Même chose pour René Tostain, un magistrat agnostique qui avait épousé l'une de ses cousines, Marguerite-Marie Maudelonde, et pour lequel elle a offert la nuit spirituelle des dix-huit derniers mois de sa vie : elle n'a jamais été le témoin d'un changement d'attitude religieuse chez ce substitut du procureur de la République à Lisieux – un homme par ailleurs très droit.

On se souvient de la ferveur avec laquelle le curé d'Ars priait pour la conversion de sa paroisse, mais il a souffert jusqu'à la fin de sa vie de voir que certains de ses paroissiens causaient pendant ses sermons... ou ne faisaient pas leurs Pâques et, un an avant de mourir, il était tout heureux à la pensée que la mission paroissiale prêchée par l'abbé Descôtes déciderait peut-être les récalcitrants du village à sortir de leur indifférence religieuse.

N'allons donc pas nous culpabiliser, lorsque nous constatons l'inertie spirituelle de ces jeunes ou de ces adultes pour lesquels nous prions et jeûnons depuis des années. Si nous ne sommes pas exaucés, ce n'est pas forcément du fait que nous obéissons mal à la recommandation que fait le Seigneur à ses disciples pour la maîtrise du Malin : « Cette espèce-là ne peut sortir que par la prière et par le jeûne » (Mc 9, 29).

2. Une épreuve qui me fait grandir

• *Ma foi s'approfondit*

Notre certitude d'être sans cesse aimés de Dieu ne s'appuie pas sur le nombre de faveurs qu'Il nous accorde, mais sur sa Parole. Il nous redit de trente-six manières que sa tendresse pour nous est « sans mesure » (Ps 119, 156). Il est un Père qui connaît les moindres besoins de ses enfants avant même que ceux-ci les Lui exposent (Mt 6, 8). Il nous a manifesté son amour de façon éclatante en nous donnant son Fils pour qu'Il soit notre Sauveur.

Après de telles preuves d'amour, allons-nous jouer à l'enfant capricieux qui n'est jamais satisfait des cadeaux que lui font ses parents ?

Il est vrai que Dieu nous paraît parfois injuste dans sa façon de distribuer ses dons. Les uns sont guéris qui n'ont rien demandé, et d'autres ne le sont pas alors qu'ils sont allés, pleins de confiance, en pèlerinage à Lourdes ou ailleurs, après avoir mobilisé la prière de tous les saints du ciel et de la terre.

Mais ne demandons jamais de comptes à Dieu. Rappelons-nous plutôt une autre parole de l'apôtre – l'un des fondements les plus solides de notre foi en la Providence : « Tout concourt au bien de ceux qui aiment Dieu » (Rm 8, 28).

Puisqu'Il est notre berger, « rien ne saurait manquer où Il nous conduit ». Sainte Thérèse de l'Enfant-Jésus citait souvent ce premier verset du psaume 23. Elle s'appuyait sur lui pour affirmer en toute sérénité que « tout est grâce » (voir p. 16).

N'allons donc jamais interpréter le fait que nous ne sommes pas exaucés comme le signe que Dieu est quelque peu fâché contre nous, qu'Il nous reproche par là un manque de ferveur dans notre prière ou de générosité dans l'un des secteurs de notre vie. À supposer que nous manquions de confiance ou d'amour, nous restons ses enfants et c'est toujours comme tels que nous devons aller vers Lui en Lui disant : *Abba !*

S'Il n'exauce pas nos désirs aussi vite que nous le souhaiterions, rappelons-nous que Dieu n'est pas sourd, même quand Il semble muet : « Non, Il ne dort pas, ne sommeille pas, le gardien d'Israël » (Ps 121, 4).

Admirable est la réponse donnée par un enfant qu'on interrogeait à ce sujet : « Dieu ne t'a pas exaucé ? – Il m'a écouté, mais Il m'a dit : "Non ! pas tout de suite !" » Comme c'est vrai ! Lorsque Dieu tarde à nous répondre, c'est que son calendrier ne coïncide pas avec le nôtre : « Il attend l'heure de nous faire grâce » (Is 30, 18).

• *Mes désirs se mettent en place*

En n'exauçant pas immédiatement nos désirs, Dieu veut sans doute les rectifier, les mettre davantage en harmonie avec son dessein d'amour sur nous.

Dieu n'est pas un distributeur automatique de grâces, mais le Seigneur souverainement libre de répandre ses dons comme Il l'entend. C'est avec un immense respect que nous devons lui dire : « Mon Dieu, si tu le veux, guéris mon enfant. »

S'Il aime nous voir Lui exposer avec confiance nos besoins les plus légitimes, Il veut aussi que nous remettions nos désirs dans le bon ordre, celui du *Notre Père*. Avant de Lui demander notre pain quotidien, nous sommes invités à célébrer la grandeur de son nom et à nous passionner pour la venue de son règne.

« Tout ce que vous demanderez en mon nom, a dit Jésus à ses disciples, Je vous l'accorderai » (Jn 16, 23). Prier en son nom, ce n'est pas seulement Lui demander d'intercéder pour nous auprès du Père, c'est prier comme Il nous l'a appris, en demandant à son Esprit de purifier notre cœur de tout désir qui ne serait pas conforme à la volonté de son Père.

Autrement dit, nous devons aimer Dieu plutôt que ses cadeaux, goûter par-dessus tout le don merveilleux qu'Il nous fait en venant habiter dans nos cœurs. Aussi nos prières de demande doivent-elles toujours baigner dans un climat d'action de grâce.

• *Mon action de grâce s'affermit*

Paul revient plusieurs fois sur l'importance de l'action de grâce et sur le lien intime qu'elle entretient avec la joie chrétienne. « Soyez toujours joyeux, écrit-il dès sa première lettre aux Thessaloniciens, priez sans cesse ; en toute condition soyez dans l'action de grâce. Telle est la volonté de Dieu sur vous dans le Christ Jésus » (1 Th 5, 17-18). Il le redit quelques années plus tard aux Philippiens : « Réjouissez-vous toujours dans le Seigneur ; je le répète, réjouissez-vous. [...] N'entretenez aucun souci, mais en tout besoin recourez à l'oraison et à la prière. Une prière, ajoute l'apôtre, toute pénétrée d'action de grâce » (4, 4-7).

La raison en est simple. Ce que nous avons déjà reçu de Dieu – son amour infini, tous les bienfaits dont Il nous a comblés depuis des années et notamment notre foi en cet amour – tout cela est infiniment plus important que ce que nous Lui demandons, même si l'objet de notre prière est la santé d'un enfant, la conversion d'un conjoint ou l'apaisement d'un conflit.

Mais attention ! Cela ne signifie pas que la prière de demande soit moins belle, moins pure, moins agréable à Dieu que la prière d'action de grâce. Dieu est ravi de voir que nous croyons à sa toute-puissance et à son amour infinis et que nous avons par conséquent l'audace de Lui demander d'accomplir pour nous et par nous de grandes choses. Un vrai papa est heureux de faire des surprises à ses enfants, de leur offrir des cadeaux auxquels ils ne s'attendent absolument pas. À bien plus forte raison, notre Père des cieux prépare-t-Il de toute éternité pour ses enfants chéris des grâces proprement étonnantes (Lc 11, 13).

Peu importe la façon dont nous démarrons notre prière. Il est évident que dans nos difficultés nous préférons crier vers Dieu notre détresse : « Seigneur, vite à mon secours ! » (Ps 38, 23), « Père, s'il est possible, éloigne de moi cette coupe ! » (Mt 26, 39). C'est seulement dans un deuxième temps que nous essayons de dire, comme Jésus : « Père, que ta volonté soit faite, et non la mienne ! »

Ne soyons donc pas étonnés que le cri précède souvent dans notre cœur l'attitude d'abandon ou le chant d'action de grâce. L'essentiel, c'est qu'à un moment ou à un autre, nous laissions l'Esprit-Saint remettre dans le bon ordre nos intentions de prière, l'ordre du *Notre Père*.

Une belle prière d'action de grâce

L'Ancien Testament nous donne un bel exemple de prière de demande faite dans un climat d'action de grâce. C'est la prière que Tobie et Sarah adressent à Dieu au début de leur nuit de noces.

Ils auraient pu commencer par demander au Seigneur sa bénédiction toute spéciale, du fait que les sept maris précédents de Sarah étaient morts avant de l'avoir connue.

Or Tobie commence sa prière en disant : « Tu es béni, Dieu de nos pères, et ton nom est béni dans tous les siècles... » Il rappelle la création d'Adam et Ève, le dessein de Dieu sur l'humanité, et ce n'est qu'à la fin de sa prière, à la toute dernière phrase, qu'il dit : « Daigne avoir pitié d'elle et de moi et nous mener ensemble à la vieillesse » (Tb 8, 5-7).

Après avoir été blessé par des soldats du Viêt-cong, un missionnaire écrivait à l'une de ses sœurs :

«J'ai eu la main droite amputée d'un doigt, mais tout est grâce. Le Seigneur m'a donné de pouvoir lui dire : "Que ta volonté soit fête !" »

• *Mon espérance se creuse*

Les retards que Dieu semble apporter à l'exaucement de nos prières peuvent être dus, ne l'oublions pas, à la mauvaise volonté des hommes, à l'endurcissement de leur cœur. La grâce de Dieu ne violente pas la liberté humaine. Les pécheurs pour la conversion desquels nous multiplions jeûnes et prières restent des êtres libres. Ils pourront d'ailleurs réparer en quelques instants des années et des années de perversion car, aux yeux de Dieu, « un jour est comme mille ans » (2 P 3, 8). C'est pourquoi nous ne devons jamais désespérer de quiconque.

N'oublions pas non plus que nous pouvons profiter de tous ces retards pour approfondir notre confiance. Ou plutôt c'est Dieu Lui-même qui veut, à cette occasion, faire grandir notre espérance. C'est sans doute la raison pour laquelle Jésus n'exauce pas immédiatement la prière de la Cananéenne qui vient solliciter la guérison de son enfant : « Aie pitié de moi, Seigneur, fils de David ! Ma fille est cruellement tourmentée par un démon. » Les apôtres interviennent à leur tour pour que la femme ne les poursuive plus de ses cris. Loin de satisfaire le désir de cette femme, Jésus répond assez sèchement : « Il n'est pas bien de prendre le pain des enfants pour le jeter aux chiens. » Avec une merveilleuse assurance la femme réplique : « C'est vrai, Seigneur ! mais justement les petits chiens mangent les miettes qui tombent de la table de leurs maîtres. » Jésus laisse alors éclater son admiration et exauce la mère : « Femme, ta foi est grande ! Qu'il t'arrive comme tu le veux » (Mt 15, 21-28).

Il est plus que probable que Jésus a fait exprès de ne pas exaucer immédiatement la demande de cette femme pour l'obliger en quelque sorte à pousser très loin son audace – ou plus exactement pour lui permettre de s'ouvrir à la grâce d'une plus grande espérance.

Car, ne l'oublions pas, l'espérance est une vertu théologale que nous ne pouvons pas acquérir par nos propres efforts. Ce serait un comble que l'homme puisse se glorifier d'avoir confiance dans le Seigneur, alors que c'est une grâce qui nous prépare à toutes les autres. Par conséquent, lorsque nous nous sentons bien pauvres en confiance, demandons-Lui de transformer le dé à coudre de notre espérance en une immense vasque, afin qu'Il puisse répandre davantage en nous tous ses autres bienfaits, car, affirme la Bible, « sa miséricorde se répand sur nous dans la mesure de notre espérance en Lui » (Ps 33, 22).

> Lorsque, le 27 novembre 1830, en la chapelle de la rue du Bac, Catherine Labouré voit une nouvelle fois Marie lui apparaître, elle s'aperçoit que certains joyaux que la Vierge porte à ses doigts n'émettent aucun rayon.
>
> Marie fait alors comprendre à sa confidente que cette absence de rayonnement représente toutes les grâces que les fidèles omettent de lui demander. Catherine ajoutait avec enthousiasme combien « la Sainte Vierge était généreuse » et la joie qu'elle éprouve en accordant les grâces aux personnes qui les lui demandent.
>
> RENÉ LAURENTIN,
> *Vie authentique de Catherine Labouré*,
> Desclée De Brouwer, 1980, t. 2, *Preuves*, pp. 193-194.

• *Aucune de nos prières n'est perdue*

Quelle que soit l'issue apparente de notre prière, tout contact sincère avec Dieu porte du fruit, dans notre vie et dans le monde. Étant donné la mystérieuse solidarité qui nous unit à tous nos frères, chaque fois que, d'une façon ou d'une autre, nous nous rapprochons de Dieu, c'est le monde entier qui s'unit davantage à Lui.

Il y a trois manières de nous représenter la fécondité apostolique de nos actes d'amour ou de confiance en Dieu. Faisons-le à l'aide de trois images.

Lorsque nous vivons notre prière comme une plongée en Dieu, nous croyons qu'en nous perdant davantage dans l'océan sans bornes de sa miséricorde, nous y entraînons beaucoup de nos frères et de nos sœurs. « Que chaque minute de notre vie – pouvons-nous redire après la bienheureuse Élisabeth de la Trinité – nous emporte un peu plus dans la profondeur de ton Mystère ! »

Lorsque nous vivons notre prière comme une ouverture du cœur aux torrents de l'Esprit-Saint, nous avons le droit de penser que, d'une façon ou d'une autre, nous permettons à Dieu de répandre davantage sa grâce en d'autres cœurs. Tout homme qui s'ouvre à Dieu produit une brèche par laquelle la tendresse de Dieu peut s'engouffrer davantage sur le monde.

Lorsque nous vivons enfin notre prière comme un combat difficile, lorsque nous persévérons dans l'oraison alors que nous aurions envie de l'interrompre, lorsque nous sourions au Seigneur en pleine épreuve physique ou morale, nous avons le droit et le devoir de croire que le Seigneur prend plaisir à cet acte de générosité et qu'Il récompensera au centuple, ou plutôt à sa manière divine – infinie !

La persévérance dans la prière

Jésus disait à ses apôtres « qu'il fallait prier toujours sans jamais se lasser » (Lc 18, 1). Plusieurs de ses paraboles mettent en valeur l'insistance avec laquelle nous devons présenter à Dieu nos demandes : l'ami importun, la veuve qui « casse les oreilles » d'un juge pour l'obliger à prendre son dossier en considération...

Les Pères du désert, dans leurs *apophtegmes*, reviennent souvent sur le combat à mener pour persévérer dans la prière :

« Les frères demandèrent à l'abbé Agathon : "Père, quelle est, parmi les bonnes œuvres, la vertu qui demande le plus d'effort ?" Il leur répondit : "Pardonnez-moi, mais je crois qu'il n'y a pas d'effort plus grand que de prier Dieu. Chaque fois en effet que l'homme veut prier, ses ennemis veulent l'en empêcher. Car ils savent qu'ils n'entraveront sa marche qu'en le détournant de la prière. Quelle que soit la bonne œuvre qu'entreprenne un homme, s'il y est persévérant, il y obtiendra du repos. Mais pour la prière, il lui faudra combattre jusqu'à son dernier soupir." »

JEAN-CLAUDE GUY,
Paroles des anciens,
Seuil, coll. « Points-Sagesses », 1976, p. 33.

3. La surprise est pour le ciel

Il nous arrive d'être les témoins émerveillés de la fécondité de nos prières. Je pense à cette religieuse qui, recevant un jour le père Loew, osa lui confier : « Je vais vous dire, mon Père, ce que je n'ai jamais osé dire à votre mère. Lorsque j'ai reçu le faire-part de votre naissance, je me suis dit qu'étant donné l'indifférence religieuse de votre maman, son petit Jacques ne recevrait aucune éducation chrétienne. Alors, ajouta cette religieuse qui avait été camarade d'école de Mme Loew, dans ma ferveur de jeune religieuse, comme j'ai prié pour vous ! Il me semble, mon Père, que j'ai été exaucée ! »

Et, de fait, lorsque nous arriverons au ciel, nous nous apercevrons que toutes les grâces que Dieu aura données aux hommes de ce siècle par le ministère du père Loew prennent en quelque sorte leur source dans l'humble supplication de cette religieuse dont l'histoire de l'Église ne retiendra même pas le nom. Sainte Thérèse de l'Enfant-Jésus se réjouissait à cette idée : « Combien de fois ai-je pensé que je pouvais devoir toutes les grâces que j'ai reçues aux prières d'une âme qui m'aurait demandée au bon Dieu et que je ne connaîtrai qu'au Ciel. » « C'est pourquoi, continue-t-elle, au ciel, on ne rencontrera pas de regards indifférents, parce que tous les élus reconnaîtront qu'ils se doivent entre eux les grâces qui leur auront mérité la couronne[1]. »

1. CJ 15, 7.5.

La plupart du temps en effet, nous ne voyons pas ici-bas le résultat de nos actes d'amour et de confiance : la surprise est pour le ciel ! Mais il arrive que les bénéficiaires s'en aperçoivent. Et c'est grande joie pour eux ! Je pense à ce que me confiait à la fin de sa vie Mgr Charles, ancien recteur de la basilique de Montmartre. Il m'écrivait que le rayonnement du Centre Richelieu, qu'il avait fondé en 1944 pour les étudiants en Sorbonne, était dû au sacrifice obscur de deux hommes morts en déportation à la fin de la guerre[1].

Le premier, l'abbé Basset, avait été son prédécesseur à l'aumônerie des étudiants. Il avait si peu réussi dans cet apostolat qu'après avoir milité dans « Rail-Résistance » et avoir été arrêté par la Gestapo, il n'avait pas été regretté par les étudiants : ceux-ci le trouvaient trop sarcastique... Victime de mauvais traitements en camp de déportation, il était sur le point de mourir. Un camarade lui demande : « Tu es prêtre, tu as bien un évêque. Si tu veux lui faire une commission, je m'en chargerai volontiers. » Le père répondit qu'il n'en voyait pas la nécessité. Il avait été un peu aigri par son ministère auprès des étudiants. « ... Mais, tu sais, l'Église a de la suite dans les idées ; j'aurai certainement un remplaçant, que j'ignore, pour assurer cette aumônerie. Alors, tu iras le trouver et tu lui diras que mon échec auprès des étudiants et toute cette misère du camp de déportés, cette mort douloureuse et sans gloire, je les offre à Dieu pour que lui réussisse. »

Quand l'abbé Charles apprit de ce rescapé du camp de déportation la façon dont son prédécesseur avait offert sa pauvre mort pour la réussite apostolique de son successeur, il s'expliqua la facilité avec laquelle démarrait son ministère.

L'autre « pilotis » du Centre Richelieu, explique Mgr Charles, était un jéciste qu'il avait connu aux Chantiers de jeunesse, Jean Ficheux. Celui-ci lui avait prédit qu'après la guerre il serait nommé aumônier d'étudiants... Très généreux, ce jeune jéciste était entré au séminaire académique de Lyon et avait lui aussi terminé ses jours dans un camp de déportation.

1. Lettre inédite du 3 mars 1991.

Il était mort le jour même où l'abbé Charles avait été détaché comme aumônier de la Sorbonne ! « J'ai toujours considéré, conclut Mgr Charles, que ce que nous avons pu faire de bien était l'œuvre du père Basset et de Jean Ficheux beaucoup plus que de moi ! »

Ne perdons plus notre temps à nous demander pourquoi nos prières ne semblent pas toujours exaucées. Elles le sont ! Toutes ! Dieu écoute attentivement le moindre murmure de notre cœur. Et Il nous exaucera toujours bien au-delà de nos désirs et de nos mérites.

Prière de l'inexaucé

Ce texte s'inspire d'une célèbre prière américaine qui aurait été composée par un soldat sudiste lors de la guerre de Sécession.

« Seigneur, je t'avais demandé la santé pour être plus efficace sur cette terre. Tu m'as donné la faiblesse du corps pour que je compte davantage sur toi que sur moi-même.

« Sois béni, mon Dieu Sauveur !

« Seigneur, je t'avais demandé une belle intelligence pour mieux comprendre le monde et réussir ma vie. Tu m'as donné une mémoire trébuchante et un esprit lent pour m'ouvrir à tes mystères par l'humilité.

« Sois béni, mon Dieu Sauveur !

« Seigneur, je t'avais demandé des responsabilités pour faire triompher les bonnes idées et les bonnes causes. Tu m'as donné d'être traité pour rien et d'obéir, afin de mieux me configurer à ton Fils obéissant et crucifié.

« Sois béni, mon Dieu Sauveur !

« Seigneur, je t'avais demandé de rencontrer le grand amour pour donner un sens à ma vie. Tu m'as donné de pouvoir croire à la bonté du cœur humain et le désir de partager cette foi avec tous les mal-aimés que tu me ferais rencontrer.

« Sois béni, mon Dieu Sauveur !

« Seigneur, je t'avais demandé la richesse pour mieux aider les pauvres. Tu m'as donné la pauvreté et tes propres richesses à leur distribuer.

« Sois béni, mon Dieu Sauveur ! [...]

« Seigneur, je t'avais demandé le bonheur des miens. Tu leur as donné toutes sortes d'épreuves, me rappelant ainsi que Jésus et les siens ont eux-mêmes souffert avant de rentrer dans la joie de ton Royaume.

« Sois béni, mon Dieu Sauveur !

« Seigneur, je t'avais demandé de devenir un saint. Tu m'as donné de mieux voir mes péchés et de pouvoir me relever après chacune de mes grosses chutes sans désespérer.

« Sois béni, mon Dieu Sauveur ! »

FR. BERNARD-MARIE, O.F.S.
Revue des écrivains catholiques,
juin 1996, p. 11.

Le ciel est pareil à la bande d'un billard : nos prières, si elles sont assez fortes, rebondissent sur lui pour atteindre leur but. Parfois, la direction qu'elles prennent nous surprend.

GILBERT CESBRON,
Journal sans date,
Robert Laffont, 1963, p. 229

La prière selon l'Esprit

La prière « trop humaine » s'imagine que Dieu n'est là que pour servir nos intérêts personnels.

Ainsi pensait Étienne de Vignoles, dit La Hire, l'un des plus braves soldats de Charles VII, que Jeanne d'Arc avait décidé à se confesser et à ne plus jurer... que par son bâton : « Dieu, je te prie que tu fasses aujourd'hui pour La Hire autant que tu voudrais que La Hire fît pour toi, s'il était Dieu et que tu fusses La Hire. »

L'étrange prière de La Hire est rapportée dans la chronique de Jacques le Bouvier, dit Berri, publiée par GODEFROI, *Vie de Charles* VII, p. 495 (citée par Henri WALLON, *Jeanne d'Arc*, Firmin-Didot, 1876, p. 13).

La vraie prière, au contraire, se soumet aux désirs de Dieu. Elle est en nous l'œuvre de L'Esprit : « L'Esprit vient en aide à notre faiblesse, car nous ne savons pas prier comme il faut ; mais l'Esprit lui-même intercède pour nous en gémissements ineffables et Celui qui scrute les cœurs sait quelle est l'intention de l'Esprit : c'est selon Dieu, en effet, que l'Esprit intercède pour les saints » (Rm 8, 26-27).

DIEU NE M'EXAUCE PAS

Il ne dort ni ne sommeille
Le Seigneur qui t'émerveille.

~

Dieu ne reste pas sourd,
Même s'Il semble muet.

~

Tricote un manteau de prière
Pour protéger tes bien-aimés.

~

L'étincelle qui met le feu
Ne sait rien du brasier futur.

~

Les murs de ton logis
Ne sont pas des frontières,
Car l'amour les franchit
Pour aller vers tes frères.

~

Attends beaucoup de Dieu :
Tu le rendras heureux.

Marie BAUDOUIN-CROIX

Des fautes trop lourdes à porter.

Mon passé m'accable

1. Avouer ma faute
2. Chanter la miséricorde du Seigneur
3. Demander au Seigneur de payer mes dettes

CHAPITRE III

Mon passé m'accable

Combien de chrétiens se disent obsédés par le souvenir de leur passé ! Ils ont tellement gaspillé les plus belles années de leur jeunesse ! Ils sont tellement passés à côté de l'essentiel ! Ils ont fait tant de mal !

Comment réparer ? se demandent-ils. Comment vivre en paix quand la mémoire est saturée de mauvais souvenirs ?

Les prisonniers de droit commun ne sont pas les seuls à vivre pareille expérience. Elle est notamment le fait de tous ceux et de toutes celles qui n'ont jamais pu confier les turpitudes auxquelles ils se sont livrés pendant toute une période de leur vie.

Que peuvent-ils faire pour connaître la joie d'être libérés de ce terrible fardeau ?

1. Avouer ma faute

Quand on a vécu pendant des années dans les ténèbres, il n'est pas facile de parvenir du jour au lendemain à la lumière. On préfère se voiler la face, se cacher la vérité.

On essaye de se persuader que le mal commis n'est pas si grave que cela, puisque « tout le monde le fait » ou qu'on ne pouvait pas faire autrement, étant donné les circonstances dans lesquelles on était alors plongé.

Cette attitude de mauvaise foi, de mensonge à soi-même est un réflexe bien compréhensible qui empêche de sombrer dans le désespoir au souvenir des crapuleries auxquelles on s'est jadis laissé aller. On essaye de les oublier... Et l'on y arrive ! « J'ai fait cela, dit ma mémoire. – Impossible ! répond mon orgueil, et il s'obstine. En fin de compte, c'est la mémoire qui cède », remarque F. Nietzsche[1].

Mais il arrive un moment dans la vie où nous retrouvons une très grande lucidité sur nous-mêmes : la réflexion d'un ami, une lecture, la rencontre inopinée d'une personne qui nous ressemble nous renvoient en quelque sorte notre propre image : tout à coup nous nous voyons tels que nous sommes. Nous sentons alors que nous pouvons nous ouvrir plus ou moins à cette lumière : l'accepter totalement ou finir par l'oublier à nouveau. Il y a des vérités qui blessent tellement notre amour-propre que nous préférons les enterrer !

Tout donne à penser qu'au moment de la mort, l'être humain accède enfin à une lucidité sans précédent. Le masque tombe, il se voit tel qu'il est, dépouillé de tous les oripeaux avec lesquels il s'était jusque-là déguisé. Jean Popot, ancien aumônier de la prison de Fresnes, a livré à ce sujet un témoignage très intéressant. Un témoignage dans lequel il n'a évidemment trahi aucun secret, vu la longue durée de son ministère auprès des détenus. « Un homme qui va mourir revit plutôt ses premières années de jeunesse que ses crimes. C'est ce qui l'a détaché de Dieu dans les débuts – ses premières faiblesses – qui va retenir son attention. Et c'est souvent une faiblesse apparemment vénielle, parfois grave mais sans commune mesure avec les dégradations successives de sa vie, les crimes commis, qui va faire l'objet de ce dialogue, d'une recherche minutieuse, de cette confession ultime devant la mort. De sorte que, chez certains, les plus grands crimes, les lâchetés les plus immondes seront passés sous silence comme si de telles aberrations ne les concernaient plus, alors qu'ils rechercheront inlassablement les fautes humaines qui les ont rendus tels. »

L'abbé Popot donne l'exemple d'un condamné qui, le matin de son exécution, s'acharnait à retrouver – dans un dialogue d'une heure et demie ! – l'acte qu'il s'était permis

1. *Par-delà le bien et le mal*, § 68.

d'accomplir dans sa jeunesse, tout en le sachant pertinemment en contradiction flagrante avec son idéal: « Pas une seconde durant cette heure et demie, cet homme ne s'est accusé des fautes qui l'avaient mené où il était, mais d'une faute que la justice n'aurait pas retenue contre lui. Cela nous enseigne que, passé le refus à la grâce de Dieu, nous risquons le pire sans plus savoir ce que nous risquons... Et dès lors que nous nous retrouvons par une grâce ultime du Seigneur, c'est l'instant où l'aveuglement s'est emparé de nous qui nous frappe et nous paraît la plus grande faute[1]. »

> À la mort, le masque tombera du visage de l'homme et le voile du visage de Dieu.
>
> VICTOR HUGO.

Loin de nous la pensée qu'à partir du moment où un homme a commis un crime, sa conduite se dégrade inéluctablement. Une personne n'est jamais esclave de son passé. Et nous connaissons tous de ces êtres qui, après s'être abandonnés à la paresse et à la frivolité, se sont magnifiquement redressés. Il suffit de penser au merveilleux itinéraire spirituel suivi par Charles de Foucauld. À Saumur, ses camarades de promotion l'avaient surnommé « le porc », tellement ils étaient étonnés par sa gloutonnerie ; quatre ans plus tard, il explore le Maroc comme un ascète. Et que dire de son mode de vie à partir de sa conversion en 1886 !

Effectivement, les personnes qui sortent de leurs ténèbres bien avant l'heure de la mort ne manquent pas. Un jour vient où elles ne supportent plus leur vie de mensonge : elles éprouvent le besoin de reconnaître leur faute, de l'avouer et de se faire pardonner.

Je pense à ce jeune médecin qui vint me voir un jour pour me confier que, huit ans plus tôt, il avait poussé sa fiancée à se faire avorter. « La naissance du bébé m'aurait empêché de

1. *La France catholique*, 11 janvier 1963.

continuer paisiblement mes études. J'ai donc réussi à persuader ma fiancée qu'elle devait interrompre sa grossesse... Ce qu'elle fit. »

Six ans après son mariage, il reconnaissait qu'en prenant cette décision il avait détruit une vie humaine et que c'était purement et simplement un crime !

Cet acte de sincérité marqua le point de départ d'une profonde conversion. Totalement agnostique pendant sa jeunesse et au moment de son mariage, il devint croyant et il est tout heureux maintenant de vivre sa foi et d'en témoigner.

Il est des fautes qui sont plus difficiles à avouer. Non pas qu'elles soient plus « graves », mais elles sont plus « humiliantes ». Comme il est difficile à un jeune habituellement très honnête d'avouer qu'il lui est arrivé de voler ! Comme il est difficile à un homme épris de loyauté de reconnaître qu'il a laissé punir un collègue par peur de se dénoncer lui-même !

Mais quel sentiment merveilleux de soulagement, quelle libération, quand on peut avouer son péché à un prêtre, à un homme tenu au secret le plus absolu et qui a reçu du Seigneur le pouvoir de pardonner en son nom !

L'un des psaumes de la Bible chante magnifiquement le bonheur du pécheur pardonné :

> Heureux l'homme dont la faute est enlevée
> et le péché remis !
> Heureux l'homme
> dont le Seigneur ne retient pas l'offense,
> dont l'esprit est sans fraude !
> Je me taisais et mes forces s'épuisaient
> à gémir tout le jour :
> ta main, le jour et la nuit, pesait sur moi ;
> ma vigueur se desséchait
> comme l'herbe en été.
> Je t'ai fait connaître ma faute,
> je n'ai pas caché mes torts.
> J'ai dit : « Je rendrai grâce au Seigneur
> en confessant mes péchés ! »
> Et toi, tu as enlevé l'offense de ma faute.

Ps 32, 1-5.

Quant au Cantique des Cantiques, ce grand poème d'amour qui se trouve au cœur de la Bible, il proclame haut et clair la tendresse inconditionnelle du Seigneur pour son épouse. C'est au moment où celle-ci vient de Lui refuser l'entrée de son logis – sous prétexte qu'elle était déjà couchée et qu'elle ne voulait pas se salir les pieds ! – qu'Il se met à lui adresser une déclaration d'amour sans précédent : « Tu es belle, mon amie, comme Tirça, charmante comme Jérusalem [...]. Unique est ma colombe. »

Il va même jusqu'à lui avouer qu'il est chaviré par le charme saisissant de son regard : « Détourne de moi tes yeux, car ils me donnent l'assaut » (6, 4-5, 9). Il faut qu'elle comprenne une fois pour toutes que sa paresse et son peu d'empressement à Lui ouvrir n'ont nullement entamé l'ivresse de son amour pour elle. Il restera toujours un amoureux épris de sa belle !

Tel est bien le Dieu qui se révèle à nous tout au long de l'histoire de son peuple : un « Dieu de tendresse et de pitié, lent à la colère, plein d'amour et de fidélité » (Ex 34, 6-7).

2. Chanter la miséricorde du Seigneur

Il n'est pas logique de croire à l'Évangile et de se laisser accabler par le souvenir de ses fautes. Dieu les a totalement pardonnées. Il les a noyées dans l'océan sans bornes de sa miséricorde et Il nous demande de vivre désormais dans une action de grâce perpétuelle : « Que Tu es bon, Seigneur ! Que Tu es patient ! Tu attends pendant des années le retour de ton enfant prodigue et Tu cours vers lui dès que Tu l'aperçois. Si je doutais un instant de ton pardon, je T'offenserais encore plus qu'avant mon égarement. »

Si nous sommes tentés de nous dégoûter de nous-mêmes quand nous repensons aux turpitudes que nous avons commises, rappelons-nous que le Seigneur nous a rendu toute notre dignité, que nous sommes redevenus princes et princesses à ses yeux.

Acceptons une bonne fois de faire partie de la grande masse des « pauvres pécheurs pardonnés » que nous sommes tous. Nous devons même nous en glorifier, nous en réjouir, car c'est par les pardons reçus du Seigneur que nous avons pu expérimenter la profondeur et la fidélité de son amour.

Je demandais un soir à Jacques Lebreton comment il avait pu abandonner Dieu à un certain moment de sa vie, alors qu'il L'avait merveilleusement découvert sur son lit d'hôpital, à Damas, après avoir compris la terrible réalité de son handicap : sans yeux et sans mains ! « Ne serait-ce pas, lui avais-je timidement demandé, parce que vous n'aviez pas encore découvert sa Miséricorde ? » De la voix bien assurée qui a toujours fait l'admiration de tous ceux qui ont eu le privilège de l'écouter, Jacques Lebreton me répondit : « C'est tout à fait cela ! Il a fallu que je renie Dieu pendant des années pour que je découvre enfin le vrai visage de Dieu. Et maintenant, ajouta-t-il, j'espère bien que je ne Le lâcherai plus ou plutôt qu'Il ne me lâchera pas ! »

Quel magnifique aveu ! Après son accident, le soldat de vingt ans avait rencontré le Christ comme le Dieu vivant, le Ressuscité plein de force qui le remettait debout et lui donnait une espérance bien au-delà de ses pauvres capacités humaines. Il se sentait désormais habité par l'idée qu'il pourrait un jour exercer un métier comme tout le monde et même – pourquoi pas ? – qu'il pourrait un jour se marier !

Mais il a fallu qu'il s'éloigne du Seigneur pendant plusieurs années pour rencontrer enfin le vrai Dieu, « Dieu de tendresse et de pitié, lent à la colère, plein d'amour et de fidélité ».

Blessé de guerre, il n'était qu'une victime innocente. C'est en devenant pécheur qu'il put enfin découvrir de quel amour fou il était aimé.

N'est-ce pas, peu ou prou, l'histoire de chacun de nous ? C'est souvent après avoir touché du doigt notre fragilité, la facilité avec laquelle il nous arrive de lâcher le Seigneur, que nous apprécions enfin la solidité de son amour.

Nous ressemblons tous plus ou moins à saint Pierre. Avant de dire à Jésus un vrai « Je T'aime », il faut d'abord Lui dire :

«Tu sais bien, Seigneur, combien je suis capable de Te renier! Je suis capable du pire. Et ce que j'aime le plus en Toi, c'est précisément la fidélité imperturbable de ton Amour malgré mes retards et mes innombrables infidélités!»

Pas de vie chrétienne authentique sans la découverte de sa faiblesse, de sa condition de créature pécheresse, du besoin absolu qu'on a d'être sauvé. C'est alors qu'on peut dire enfin : «Jésus, prends pitié du pécheur que je suis! Viens me sauver! Viens faire en moi ton travail de Sauveur!»

À la confusion d'avoir péché succède alors la confusion d'être tant aimé. Au lieu de céder à la pression lancinante du démon qui voudrait nous entraîner dans son éternel désespoir, on écoute le Seigneur nous redire inlassablement : «Je ne suis pas venu pour les bien-portants, mais pour les malades ; je ne suis pas venu pour les justes, mais pour les pécheurs» (Lc 5, 31-32). Arrive le moment où «les larmes d'amertume deviennent larmes de gratitude et de béatitude» (Olivier Clément).

Fidèle lectrice de l'Évangile, Thérèse de Lisieux osait dire à l'une de ses novices : «Nous ne sommes pas des saintes qui pleurons nos péchés ; nous nous réjouissons de ce qu'ils servent à glorifier la miséricorde du bon Dieu[1].»

Et à l'abbé Bellière elle écrivait : «Ah! mon cher petit frère, depuis qu'il m'a été donné de comprendre l'amour du Cœur de Jésus, je vous avoue qu'il a chassé de mon cœur toute crainte. Le souvenir de mes fautes m'humilie, me porte à ne jamais m'appuyer sur ma force qui n'est que faiblesse, mais plus encore ce souvenir me parle de miséricorde et d'amour[2].»

Thérèse pensait qu'il fallait faire chanter tous les souvenirs de notre vie. Dans le ciel, ils nous rappelleront la bonté du Seigneur pour nous. Que nous ayons été préservés du péché ou pardonnés, c'est la même miséricorde divine que nous célébrerons. Nous devons donc nous entraîner sur terre à

1. *Une novice de sainte Thérèse*, Éd. du Cerf, 1986, p. 105.
2. LT 247.

cette louange en transformant tous les mauvais souvenirs de notre existence en occasions de rendre grâce.

Nous redirons éternellement à Dieu ce que Thérèse d'Avila disait déjà sur terre quand elle songeait aux péchés de vanité qu'elle avait commis pendant dix-huit ans en se rendant au parloir de son couvent : Béni sois-tu, Seigneur, de m'avoir « si longtemps supportée[1] ! »

> À la fin d'une retraite durant laquelle elle avait profondément expérimenté la miséricorde du Seigneur à son égard, une jeune fille confiait à toutes ses camarades au cours d'un dernier échange :
>
> « J'ai découvert cette semaine que je suis bête, mais que Lui, Il est fou ! »

Dieu veut que nous nous aimions. Il ne supporte pas que nous nous méprisions. Ne désespérant jamais de ses enfants, Il nous demande de L'imiter, d'avoir vis-à-vis de nous-mêmes une authentique compassion.

Bernanos l'avait bien compris, lorsqu'il prête ces mots au curé d'Ambricourt à la fin de son *Journal* : « Il est plus facile que l'on croit de se haïr. La grâce est de s'oublier. Mais si tout orgueil était mort en nous, la grâce des grâces serait de s'aimer humblement soi-même, comme n'importe lequel des membres souffrants de Jésus-Christ. »

Le père Desbuquois insistait lui aussi sur l'audace avec laquelle nous devons laisser couler dans le cœur de Dieu la cargaison de nos péchés : « Ne remuez pas les cendres du passé, écrivait-il souvent à ses correspondants. N'accordez pas audience au passé. Jamais d'audience à une pensée qui déprime, attriste, resserre ou trouble : jamais une seconde[2]. »

Pour parvenir à un tel abandon, il faut écouter longuement le Seigneur nous redire : « Il y a plus de joie dans le ciel pour un seul pécheur qui se convertit que pour quatre-

1. *Autobiographie*, chap. VIII, § 8.
2. *Vivre le bon plaisir de Dieu*, Beauchesne, 1964, p. 34.

vingt-dix-neuf justes qui s'imaginent n'avoir pas besoin de conversion» (Lc 15, 7).

Saint Pierre nous a donné l'exemple de cette confiance sans mesure. Au lieu de désespérer à l'idée d'avoir raté si lamentablement l'occasion de manifester son amour envers son maître, il se laissa retourner par le regard que Jésus posa sur lui après son reniement et vécut tout le reste de sa vie dans l'émerveillement de ce regard. Un regard qui transperça son cœur au plus profond de lui-même et le fit fondre en larmes.

C'est un regard semblable qui bouleversa sans doute aussi le bandit crucifié près de Jésus au Calvaire. Saint Augustin imagine la réponse qu'il nous ferait si nous lui demandions la raison de sa conversion si rapide : « Il m'a regardé, nous répondrait-il, et dans son regard j'ai tout compris. » Oui, en un instant, l'homme le plus éloigné de Dieu peut se convertir et devenir un saint. Il suffit qu'il tourne les yeux vers Jésus et se laisse regarder par Lui. Il change alors tellement que Jésus peut lui dire : « Aujourd'hui même tu seras avec moi dans le paradis. »

C'est aussi en regardant Jésus en croix que Jacques Fesch s'est préparé à son exécution capitale dans la nuit du 30 septembre au 1er octobre 1957 : «J'attends dans la nuit et la paix. J'ai les yeux fixés sur le crucifix et mes regards ne se détachent pas des plaies de mon Sauveur. Je me répète inlassablement : "C'est pour toi." Je veux garder cette image jusqu'au bout, moi qui vais si peu souffrir. J'attends l'amour ! Dans cinq heures, je verrai Jésus ! Il m'attire tout doucement à Lui, me donnant cette paix qui n'est pas de ce monde... Bon Jésus qui as tant souffert pour moi et qui portes encore toute ma douleur ! Heureux celui qui met sa confiance dans le Seigneur. Il ne sera jamais confondu ! Dieu est Amour[1] ! »

Lorsque nous sommes accablés par le souvenir de nos mensonges et de nos crimes, sachons nous tourner nous aussi vers Jésus, avec l'assurance que nous Lui procurons alors un immense plaisir, celui d'exercer son « métier » de Sauveur.

---

1. *Lumière sur l'échafaud*, Éd. Ouvrières, 1971, p. 131.

« Sois-moi une occasion de faire miséricorde au monde », confiait le Christ à sainte Catherine de Sienne. Depuis qu'Il est ressuscité d'entre les morts, les bras de Jésus ne sont plus cloués sur une croix, mais largement ouverts pour accueillir avec joie tous ceux qui ont la simplicité de s'y précipiter afin d'y recevoir une nouvelle jeunesse et de chanter par Lui, avec Lui et en Lui, une hymne éternelle à Celui qu'on pourrait appeler, avec Julien Green, « le grand Pardonneur ».

Si j'avais sur la conscience...

Au début du mois de juillet 1897, dans l'infirmerie où elle devait mourir trois mois plus tard, sœur Thérèse de l'Enfant-Jésus et de la Sainte Face termine son dernier manuscrit en écrivant au crayon :

« Ce n'est pas à la première place, mais à la dernière que je m'élance ; au lieu de m'avancer avec le pharisien, je répète, remplie de confiance, l'humble prière du publicain ; mais surtout j'imite la conduite de Madeleine, son étonnante ou plutôt son amoureuse audace qui charme le Cœur de Jésus, séduit le mien. Oui je le sens, quand même j'aurais sur la conscience tous les péchés qui se peuvent commettre, j'irais, le cœur brisé de repentir, me jeter dans les bras de Jésus, car je sais combien Il chérit l'enfant prodigue qui revient à Lui. Ce n'est pas parce que le bon Dieu, dans sa *prévenante* miséricorde, a préservé mon âme du péché mortel que je m'élève à Lui par la confiance et l'amour. » (C 36 v-37 r.)

Depuis un siècle, bien des cœurs ont été bouleversés par la lecture de ces lignes. John Wu, le dernier ambassadeur de la Chine auprès du Vatican, lui doit sa conversion :

« Yuan – un ami qui m'avait accueilli chez lui en 1937 – m'offrit une brochure française sur la vie et les pensées de sainte Thérèse. En l'ouvrant au hasard, je trouvai cette pensée remarquable : "Ah ! je crois que si j'avais sur la conscience tous les crimes..."

« Quelle courageuse enfant, pensai-je. Si j'en juge par ces mots, même un homme comme moi ne doit pas désespérer !

« Je demandai à Yuan s'il existait un livre plus explicite sur sainte Thérèse. Il me donna l'*Histoire d'une âme* que je parcourus avidement et qui me fit si forte impression que je me dis en moi-même : si ce livre exprime le catholicisme, je ne vois pas ce qui m'empêche d'être catholique. Car je trouvais ici la synthèse vivante entre des extrêmes opposés comme l'humilité et l'audace, la liberté et la discipline, la joie et la souffrance, le devoir et l'amour, la force et la tendresse, la grâce et la nature, la sagesse et la folie, la richesse et la pauvreté, la communauté et l'individualisme. Cette sainte semblait rassembler en elle le cœur de Bouddha, les vertus de Confucius et le détachement philosophique de Lao Tze. Voilà une jeune religieuse morte à vingt-quatre ans et qui est arrivée à une telle perfection ! Quel était son secret ! Aurait-elle pu atteindre une telle plénitude si elle n'avait été membre du Corps mystique du Christ ?

« C'est pendant la lecture de ce livre que je décidai de devenir catholique. La grâce avait touché mon cœur. »

Par-delà l'Est et l'Ouest,
Casterman, 1955, pp. 182-183.

3. Demander au Seigneur de payer mes dettes

Nous avons beau être pardonnés, nous n'avons pas le pouvoir de guérir les personnes que nous avons blessées à la suite d'une imprudence commise au volant de notre voiture ou que nous avons gravement scandalisées par notre façon de vivre.

Comment vivre en paix avec le souvenir obsédant de tout le mal que nous avons fait aux autres ?

Une ancienne prostituée me confiait un jour avec des larmes plein les yeux : « Combien de filles se sont suicidées à cause de moi ! C'est moi qui les ai entraînées dans le milieu ! Comment voulez-vous, dans ces conditions, que je ne succombe pas moi-même un jour à la tentation du désespoir ? »

Il s'agit alors de croire que le Dieu plein de miséricorde qui nous a pardonné nos fautes est aussi le Seigneur tout-puissant capable de réparer à sa manière – laquelle est divine et par conséquent infinie – tout le mal que nous avons commis.

Il payera toutes nos dettes si nous avons l'audace de le Lui demander avec un cœur d'enfant. N'est-ce pas ce que fait toujours un père quand l'un de ses enfants vient lui confier les dettes qu'il a contractées après avoir quitté le foyer familial ? Il fait tout son possible pour les éponger.

À combien plus forte raison notre Père du ciel ! Si nous Lui ouvrons notre livre de comptes, Il réglera toutes nos factures. Nous devons évidemment restituer l'argent que nous avons volé et faire tout ce qui est en notre pouvoir pour réparer les torts que nous avons causés. Mais le mal irréparable que nous avons commis, nous pouvons et devons demander à Dieu de s'en occuper.

Comme le dit justement saint François de Sales, « Dieu a mis des bornes à l'océan, mais Il a laissé sans bornes sa miséricorde ». Ses réserves sont inépuisables, et Il ne demande pas mieux que de les mettre au service de ceux qui, avec une totale confiance, L'implorent de venir au secours de la misère provoquée par leurs péchés.

Dieu se plaît, affirme la Bible, en ceux qui espèrent son amour (Ps 146, 11).

Lorsque nous avons péché par pensée, par action ou par omission, nous avons endommagé plus ou moins gravement le mur de la cité auquel nous devions travailler. Loin de le construire, nous l'avons lézardé. Pire, à cause de nous, tout un pan de mur s'est peut-être écroulé. Eh bien ! si nous reconnaissons notre faute en toute humilité, c'est Dieu lui-même qui réparera les dégâts que nous avons commis. À la place des briques manquantes, Il posera des briques en or !

« Ce que l'homme répare est toujours plus pauvre et plus précaire qu'avant l'accident ou l'usure. Mais ce que Dieu répare est plus vierge et plus profond que dans son intégrité primitive. Et là seulement est la solution du problème du mal[1] », déclare Gustave Thibon.

Au ciel, il n'y aura pas deux catégories de saints : les grands pécheurs convertis et ceux qui n'auront pas refusé grand-chose à Dieu durant leur séjour sur la terre. C'est la même miséricorde du Seigneur qu'ils chanteront tous, en reprenant le *Magnificat* de la Vierge Marie. Car, selon la réflexion que faisait saint Augustin à saint Ambroise : « Jésus-Christ n'a pas moins souffert pour préserver ta chasteté que pour me rendre la mienne. »

Jésus nous a même prévenus que beaucoup de publicains et de prostituées seraient très bien placés dans le royaume des cieux (Mt 21, 21). Non pas, bien sûr, à cause des turpitudes de leur vie, mais en raison de leur confiance éperdue en la miséricorde du Père et de leur amour plein de reconnaissance.

Un prêtre se sent bien petit devant une personne qui se décharge près de lui d'un fardeau particulièrement pesant. Je me suis dit bien souvent : « À sa place, aurais-je la simplicité d'avouer mes péchés avec autant d'humilité ? Sans même présenter de circonstances atténuantes ! Quelle dose d'espérance Dieu a dû donner à cette âme pour qu'elle ose penser que Dieu pardonne toutes ses fautes et paye toutes ses dettes. Comme Dieu doit être heureux de voir qu'on Lui fait une telle confiance ! »

Me revient alors le quatrain de Pierre Emmanuel[2] célébrant la toute première apparition de Jésus à Marie de Magdala au petit matin de Pâques :

> Jésus pour naître s'est choisi
> Marie pleine de grâce ;
> C'est Marie pleine de péché
> Qu'Il choisit pour ressusciter.

---

1. Gustave THIBON, *L'échelle de Jacob*, Lardanchet, Lyon, 1945, pp. 82-83.
2. Pierre EMMANUEL, *Sophia*, Seuil, 1973, p. 154.

L'amour incomparable de Marie-Madeleine

« Ses nombreux péchés lui sont remis parce qu'elle a beaucoup aimé » (Lc 7, 47).

« La palme dans le ciel ne sera pas à l'âme la plus humble, ni la plus mortifiée, ni la plus charitable, ni même à la plus pure – mais à celle qui aura le plus aimé. Dieu ne s'informera pas précisément si vous n'avez jamais failli, mais si vous l'aimez et si vous l'aimez beaucoup.

« Le prix de la course n'est pas pour celui qui n'est jamais tombé mais pour celui qui a couru le plus loin.

« De telle sorte que (si vous n'y prenez garde, ô vous qui êtes restées pures, et si vous y travaillez de toute votre âme, ô vous qui avez failli) on verra un jour des pécheresses plus haut dans le Ciel et plus près de Dieu que celles qui seront toujours restées fidèles. Oui, cela s'est vu, cela se verra, cela se voit tous les jours. Courage donc, ô vous qui étiez tombées, relevez-vous, secouez vos chaînes et courez dans les bras du Seigneur ; et vous qui n'avez pas failli, rivalisez ici-bas d'une sainte émulation et ne vous laissez pas vaincre. »

PÈRE LATASTE,
prêcheur de la Miséricorde,
Sermon sur Marie-Madeleine (1865),
textes présentés par J.-M. Gueullette,
Éd. du Cerf, 1992, pp. 175-176.

Les Dominicaines de Béthanie, fondées par le père Lataste, accueillent dans leurs monastères des anciennes détenues et des personnes qui ont connu les affres de la drogue et de la prostitution. Rien ne les distingue des autres religieuses.

Si bas que tu tombes, tu ne saurais tomber plus bas que dans les bras d'un Père qui a gravé ton nom sur les paumes de ses mains.

PAUL BAUDIQUEY,
revue *Prier*, n° 102, juin 1988, p. 8.

MON PASSÉ M'ACCABLE

Quand tu confesses tes faiblesses
Dieu les transforme en allégresse.

~

Tout ton être est défiguré
Par les grimaces du péché,
Mais te voilà transfiguré
Par l'éclat du pardon donné.

~

Laisse Jésus en toi
Être Jésus pour toi.

~

Jésus s'étendit sur la croix
Pour que je me jette en ses bras.

~

De ses mains transpercées
Jésus veut t'empoigner.
Laisse-toi capturer.

~

Sois sûr que l'allégresse
Comble le cœur de Dieu ;
Quand tu vas à confesse,
C'est Lui le plus heureux.

Marie BAUDOUIN-CROIX

C'est moi le meilleur !

L'orgueil me perd

1. Une erreur pernicieuse
   L'idolâtrie du moi
   Le mépris d'autrui
2. La lumière qui libère
   Dieu seul est infiniment bon
   Dieu seul est infiniment aimable
3. Un combat incessant

La crainte de Dieu

Chapitre IV

L'orgueil me perd

L'Écriture ne cesse de dénoncer l'orgueil qui abîme le cœur de l'homme et le rend odieux aux yeux du Seigneur et de ses frères (Si 10, 7).

Cet orgueil se présente sous des formes diverses. Il y a le vaniteux qui cherche à se faire remarquer en occupant la place d'honneur dans les banquets (Lc 14, 7) et qui jalouse les autres (Ga 5, 26) ; l'insolent au regard altier (Pr 6, 17) ; le riche arrogant qui étale son luxe (Am 6, 8) ; l'hypocrite qui ne fait le bien que pour être apprécié et dont le cœur est corrompu (Mt 23, 5-25) ; le pharisien tellement fier de ses performances spirituelles qu'il en vient à mépriser les autres (Lc 18, 9-14). Il y a enfin le superbe qui ne veut pas reconnaître sa condition de créature et se fait l'égal de Dieu (Gn 3, 5 ; Jn 5, 18) : il pèche effrontément (Nb 15, 30) et se moque des promesses de Dieu (2 P 3, 3 s.) comme de ses serviteurs (Ps 119, 51).

L'Écriture exalte en revanche l'attitude de celui qui reconnaît avec humilité qu'il a reçu de Dieu tout ce qu'il possède (1 Co 4, 7) et qui Lui demande la guérison de ses péchés (Is 6, 4 ; Lc 5, 8). Cet homme humble, Dieu le glorifiera, car « Il résiste aux orgueilleux, mais aux humbles Il donne sa grâce » (Jc 4, 6 ; Pr 3, 34).

1. Une erreur pernicieuse

Pourquoi la Bible condamne-t-elle avec autant de vigueur le vice de l'orgueil ? Parce qu'il empêche notre cœur de s'ouvrir à l'amour de Dieu et de nos frères.

• *L'idolâtrie du moi*

Lorsque nous glissons sur cette pente, nous devenons tellement épris de notre petite personne qu'elle se fait idole à laquelle nous sacrifions tout. Nous n'avons plus d'yeux que pour elle. La seule chose qui nous intéresse, c'est notre « moi », l'idée que les autres s'en font, notre réputation et les moyens à prendre pour l'améliorer.

Nous finissons par penser que nous sommes le centre du monde et que les hommes n'existent que pour nous servir, nous admirer, nous féliciter et propager *urbi et orbi* l'excellente idée que nous avons de nous-mêmes.

Nous ne pensons même plus à remercier Dieu de tous les dons reçus de Lui : nous ne les utilisons que pour nous prouver à nous-mêmes et aux autres que nous sommes les meilleurs !

Lorsque nous cédons à l'orgueil, nous oublions complètement notre condition de créatures et peu à peu nous la nions. Nous finissons par ressembler à Lucifer : refusant d'adorer Dieu, nous nous enfermons dans l'adoration ridicule de nous-mêmes, jusqu'au jour où nous découvrons avec effarement notre erreur.

Quand il décrit la misère de l'homme, Pascal ne manque pas de signaler et d'analyser cette idolâtrie du moi. Une analyse à laquelle l'auteur des *Pensées* se livre d'autant plus volontiers qu'il a vécu lui-même dans cette illusion avant sa conversion définitive dans la nuit du 23 novembre 1654.

« Le moi est haïssable, écrit-il, parce qu'il est injuste qu'il se fasse centre de tout. »

« La vanité est si ancrée dans le cœur de l'homme qu'un soldat, un goujat, un cuisinier, un crocheteur se vante et veut avoir ses admirateurs ; et les philosophes mêmes en veulent ;

et ceux qui écrivent contre veulent avoir la gloire d'avoir bien écrit ; et ceux qui les lisent veulent avoir la gloire de les avoir lus ; et moi, qui écris ceci, ai peut-être cette envie. »

Si l'homme acceptait de se voir tel qu'il est, il apercevrait pourtant que son moi est « plein de défauts et de misères : il veut être grand, et il se voit petit ; il veut être heureux, et il se voit misérable ; il veut être parfait, et il se voit plein d'imperfections ; il veut être l'objet de l'amour et de l'estime des hommes, et il voit que ses défauts ne méritent que leur aversion et leur mépris[1]. »

• *Le mépris d'autrui*

Aveuglés par notre orgueil, nous finissons aussi par écraser pesamment les autres de notre suffisance. Nous ne prêtons plus attention à leurs problèmes, à leurs souffrances, ni même à leur présence ! Les autres ne nous intéressent que dans la mesure où ils nous félicitent.

Ils nous rendent d'ailleurs bien la monnaie de notre pièce. Si nous obtenons quelques applaudissements de leur part, ils ne nous ouvrent pas les portes de leur cœur, et nous restons affreusement seuls. Les êtres les plus adulés de ce monde ne sont pas forcément les plus heureux. S'ils ne manquent pas de public, ils manquent souvent de vrais amis.

Plus qu'une erreur, l'orgueil est d'ailleurs une véritable folie. Une folie qui égare l'esprit de l'homme le plus intelligent. L'orgueilleux oublie en effet qu'il peut perdre tous ses biens d'une minute à l'autre. Une congestion cérébrale peut lui ôter en un instant l'éloquence dont il se glorifie, une maladie grave s'installer subitement dans son organisme et l'empêcher de mettre un terme à ses recherches.

Il suffit de parcourir les allées d'un cimetière pour vérifier la rapidité avec laquelle on est oublié. Qui se souvient encore de cette personne qui, vu l'importance de sa tombe, a dû recueillir beaucoup d'hommages tout au long de sa vie, sans parler de ses funérailles ?

---

1. *Œuvres complètes*, Seuil, 1963, coll. « L'Intégrale », fr. 597, 627, 978.

Sic transit gloria mundi, dit le proverbe. Elle passe vraiment très vite, la gloire de ce monde.

Le monde se divise en deux parties :
« entre ceux qui éclairent et ceux qui éblouissent ».

PIERRE DE PERTHUIS,
conseil en communication dans Sabine EUVERTE,
La Division du monde vue par 184 personnalités, Bayard, 1995.

Vanité, orgueil, ambition

Dans la mesure où le vaniteux recherche l'estime d'autrui, il a quelque chose de sympathique : il avoue accorder du prix au jugement de ses frères. L'orgueilleux, au contraire, pense n'avoir nul besoin d'autrui : enfermé dans sa solitude, il n'attache d'importance qu'à son propre jugement. S'il ne se vante pas, c'est qu'en définitive il méprise ses semblables et l'opinion qu'ils peuvent avoir sur lui.

« Une secrète vanité nous fait croire que chacun a les yeux fixés sur nous, quoique personne ne nous regarde. »

FLÉCHIER
dans *Dictionnaire de Trévoux*, Paris, 1771.

« La vanité [...], c'est une admiration de soi fondée sur l'admiration qu'on croit inspirer aux autres. »

H. BERGSON,
Le rire, Paris, PUF, 1900, p. 132.

L'*humilité* est par ailleurs tout à fait compatible avec l'*ambition*. Dieu ne nous a pas donné des talents pour que nous les enfouissions en terre sans les faire fructifier. Il est légitime de chercher à occuper la première place, si nous estimons être capable d'y exercer des responsabilités qui rendront service à beaucoup de monde. Qui oserait contester la conduite d'un Robert Schuman ou d'un Edmond Michelet se battant avec ardeur pour conquérir à l'Assemblée nationale un siège de député ? L'engagement dans la vie politique, aimait répéter le pape Pie XI, est une forme éminente de charité fraternelle.

2. La lumière qui libère

Comment parvenir à la véritable humilité ?

Tout commence habituellement par une grâce de lumière qui nous fait comprendre un beau jour que Dieu seul est infiniment bon et infiniment aimable et qu'il est par conséquent ridicule de Lui préférer notre petit moi.

• *Dieu seul est infiniment bon*

Lui seul est capable de combler le « gouffre infini » de notre cœur, comme disait Pascal[1]. Dieu ne nous reprochera jamais d'avoir une folle envie d'être aimé. C'est Lui qui a déposé ce désir tout au fond de notre cœur pour que, précisément, nous nous tournions un jour vers Lui, Lui-même étant la seule personne capable de nous chérir d'un amour infini.

Lorsque Jésus demande à ses disciples de devenir « doux et humbles » à son image, Il leur propose de porter sur eux son joug (Mt 11, 29). Ce joug ne serait-il pas le poids infini de tendresse qui pèse sur ses propres épaules et qui remplit son cœur d'une tranquille humilité ?

Pour parler de la gloire de Dieu, la Bible utilise le mot *kabôd*, qui signifie littéralement « poids ». Quand on se laisse saisir, investir par la gloire de Dieu, quand on laisse peser sur sa nuque le poids infini de son amour, on est heureux de se faire tout petit sous sa main toute-puissante de Père et de se prosterner devant Lui.

Rappelons à ce propos l'étymologie du mot hébreu *berakha*[2] qu'on traduit, faute de mieux, par le mot français « bénédiction ». Il vient d'une racine hébraïque qui signifie « s'agenouiller ». Quand l'homme s'agenouille devant Dieu pour Le bénir, Dieu le bénit à son tour. Le mot *berakha* signifie donc à la fois la bénédiction que l'homme adresse à Dieu

1. Fr. 148.

2. Les musulmans utilisent un mot presque identique pour désigner la bénédiction divine qu'ils désirent recevoir. Quand ils réussissent dans l'une de leurs entreprises, ils disent qu'ils ont eu la *baraka* avec eux.

(en s'agenouillant devant Lui) et la bénédiction dont Dieu bénit ses enfants.

Oui, il y a grande joie dès cette terre à s'agenouiller devant Dieu avec un cœur d'enfant, comme le chante Raymond Fau :

> Tout petits devant Toi, nous voici, Seigneur,
> Nous voici tout petits devant Toi.
> Garde-nous ton amour, purifie nos cœurs,
> Garde-nous tout petits devant Toi !

Se mettre à genoux devant Dieu – quand on a la chance d'avoir des rotules en bon état et qu'on ne souffre pas d'arthrose ! – n'a rien d'humiliant, car il n'est pas question de s'aplatir devant un tyran, comme serait obligé de le faire un esclave. Il s'agit simplement de nous tenir devant Dieu en vérité. Un geste auquel les Psaumes nous invitent souvent :

> Venez, prosternons-nous à terre
> Devant Qui se plut à nous faire.

Ps 95. Traduction de Marie Baudouin-Croix.

Cet agenouillement est la suite logique de la découverte émerveillée de la grandeur et de la tendresse de Dieu. On ne cherche plus désespérément à monter sur tous les podiums du monde, on préfère se tenir prosterné de bonheur devant le trône divin, confus d'être aimé à ce point par le Roi des rois et Seigneur des seigneurs. Au lieu de consacrer toutes ses énergies à se prouver à soi-même et aux autres qu'on est le plus fort, on s'enthousiasme à la pensée d'avoir son nom dans le cœur de Dieu et d'avoir du prix à ses yeux. Et l'on se met à chanter :

> Qu'est-ce que l'homme pour que tu penses à lui,
> Le fils d'un homme, que tu en prennes souci ?

Ps 8, 5.

• *Dieu seul est infiniment aimable*

Tout en Lui est admirable, infiniment digne d'être aimé. Aussi est-il juste et bon de nous élancer vers Lui de tout notre cœur en Lui redisant à la suite de saint François d'Assise :

Très-Haut, tout-puissant et bon Seigneur,
À Vous les louanges, la gloire, l'honneur et toute bénédiction.
À Vous seul elles sont dues
Et nul homme n'est digne de Vous nommer.

Comme le disait si justement saint Augustin au début de ses *Confessions* : « Tu nous a faits pour Toi, Seigneur, et notre cœur est sans repos tant qu'il ne repose en Toi ! »

C'est pourquoi le Seigneur nous ordonne de L'aimer de tout notre cœur (Dt 6, 5) et de renoncer à toutes les idoles qui nous empêcheraient de nous élancer vers Lui de toutes nos forces. Notre bonne santé, la beauté et l'harmonie de notre corps, la réussite de nos affaires, notre réputation, sont évidemment des biens que nous avons le droit d'apprécier et de protéger, mais ils ne doivent jamais devenir les idoles de notre cœur : ils ne sont pas le but ultime de notre vie.

Dieu seul mérite d'être aimé par-dessus tout et de plus en plus. Il faut que nous puissions redire chaque jour avec la bienheureuse Élisabeth de la Trinité : « Que rien ne puisse troubler ma paix, ni me faire sortir de Vous, ô mon Immuable, mais que chaque minute m'emporte plus loin dans la profondeur de votre Mystère ! »

3. Un combat incessant

Ne nous étonnons pas d'avoir beaucoup de mal à aimer Dieu ainsi. Étant donné la blessure du péché originel dont nous restons tous affectés, nous sommes toujours tentés de nous replier sur nous-mêmes, de faire de notre petit moi la préoccupation majeure de notre vie et de reléguer Dieu au rang des moyens éventuellement utiles à la réussite de nos « affaires » !

Nous ne sommes pas spontanément humbles comme l'a été la Vierge Marie dès le premier instant de son existence. Nous naissons tous avec une terrible propension à nous glorifier de la moindre de nos performances au lieu de lever immédiatement les yeux vers Celui qui nous donne de les réaliser.

Mais c'est en quelque sorte à force d'être orgueilleux qu'on peut devenir humble. Un jour on s'aperçoit de l'erreur que l'on commet en se prenant pour le centre du monde et l'on supplie le Seigneur d'être libéré de cette idolâtrie. On crie vers Lui qu'on a vraiment besoin d'être lavé de son orgueil. On se met à Lui demander les trois grâces que Georges Bernanos avait sollicitées le jour de sa première communion : 1re l'humilité ; 2e l'humilité ; 3e l'humilité[1].

Car, ne l'oublions pas, avant d'être le résultat de notre effort, l'humilité est une *grâce.* Une fameuse ! On peut certes se préparer à la recevoir en réfléchissant à ses bienfaits et en méditant l'exemple de Jésus Lui-même qui, tout Fils de Dieu qu'Il était, a vécu à Nazareth pendant des années sans révéler à ses proches son identité.

Mais la véritable humilité est bel et bien un don de Dieu, le fondement même de toutes les autres vertus. Elle nous fait participer à l'humilité de Jésus, Verbe incarné, qui avait une conscience très claire de ne rien avoir qui ne Lui fût donné par son Père et de ne rien pouvoir faire sans son aide.

Par un privilège très spécial – qui est l'un des aspects de son immaculée conception – Marie a reçu dès sa naissance une dose exceptionnelle d'humilité qui l'a préparée à devenir, sans aucun mérite de sa part, la mère de Jésus. Jamais son cœur n'a été touché par le poison de l'orgueil.

> À mon avis un seul jour passé dans la connaissance bien humble de nous-mêmes, au prix de beaucoup d'afflictions et de travaux, est une grâce plus insigne de Dieu que plusieurs passés dans l'oraison.
>
> THÉRÈSE D'AVILA,
> *Fondations*, chap. 5, § 16.

1. J.-L. BERNANOS, *Georges Bernanos à la merci des passants*, Plon, 1986, p. 40.

Notre humilité est différente, puisqu'elle est celle de « pauvres pécheurs pardonnés ». Nous sommes fondamentalement des orgueilleux qui n'en finissent pas de se convertir.

Déployant la force de son bras,
Il disperse les superbes,
Il renverse les puissants de leur trône,
Il élève les humbles.

Lorsque je chante à l'office du soir ces versets du *Magnificat*, j'aime penser à la puissance du Seigneur capable de remporter la victoire, dans mon cœur et dans celui de mes frères, sur tous mes réflexes de suffisance.

Car, pour élever les humbles, le Seigneur est bien obligé de guérir préalablement les orgueilleux que nous sommes, nous qui avons une fâcheuse tendance à nous hisser sur des trônes qui ne nous sont pas du tout destinés.

Le *Magnificat* serait désespérant s'il se contentait de proclamer la victoire des humbles et la défaite des orgueilleux. Puisque la miséricorde du Sauveur s'étend d'âge en âge sur tous ses enfants, elle ne demande qu'à renverser les orgueilleux et les puissants de leurs trônes afin de les conduire devant le trône même de Dieu.

Pour évoquer la liturgie du Ciel, l'Apocalypse met en scène vingt-quatre vieillards. Agenouillés devant le trône de Dieu, ils lancent vers Lui leurs couronnes en chantant : « Tu es digne, ô notre Seigneur et notre Dieu, de recevoir la gloire, l'honneur et la puissance, car c'est Toi qui créas l'univers » (4, 10-11). Cet élan de tout notre être vers Dieu sera un aspect essentiel de notre joie éternelle. L'aiguille de notre boussole ne connaîtra plus d'oscillation. Notre cœur aura enfin trouvé le pôle qu'il cherchait plus ou moins obscurément depuis toujours.

Dans le Ciel, notre désir d'être aimé de tous sera d'ailleurs pleinement satisfait. Nous n'y rencontrerons pas de regards indifférents, faisait remarquer Thérèse de Lisieux, « parce que tous les élus reconnaîtront qu'ils se doivent entre eux les grâces qui leur auront mérité la couronne[1] ».

Cette perspective, expliquait-elle, doit nous permettre de ne pas céder à nos tentations d'orgueil et de vanité.

« Pourquoi désirez-vous tant être oubliée et comptée pour rien ? lui demandait un jour sœur Marie de la Trinité, sa plus jeune novice. Moi, je trouve cela très agréable d'être aimée et considérée.

– Je suis bien de votre avis, répondit Thérèse. C'est justement parce que j'ai soif d'amour et de gloire que je méprise ceux de la terre, qui ne sont que mirages et illusions. Au Ciel seulement j'en pourrai jouir réellement et pleinement ; là, il me faudra, pour me satisfaire, l'amour de tous les cœurs et, s'il me manquait seulement l'amour d'un seul, il me semble que je ne pourrais m'empêcher de dire à Jésus, comme Aman pour Mardochée : "Seigneur, tant que celui-là ne m'aimera pas, mon bonheur ne sera pas complet[2]." »

Qu'est-ce que réussir sa vie ?

Le succès remporté par ses romans – neuf millions d'exemplaires vendus de son vivant – n'a pas fait sombrer Gilbert Cesbron dans l'orgueil.

«Je n'ai pas réussi grand-chose, confiait-il à la fin de sa vie, beaucoup de choses m'ont réussi.»

D'ailleurs, à la question de savoir en quoi consistait la réussite d'une vie, il répondait : « Remplir son contrat avec la société s'appelle la réussite. Avec les siens, le bonheur. Avec Dieu, la sainteté.»

GILBERT CESBRON,
Bonheur de rien, Robert Laffont, 1979, pp. 193, 199.

1. CJ 15. 7. 5.
2. *Une novice de sainte Thérèse*, Éd. du Cerf, 1986, pp. 114-115.

LA CRAINTE DE DIEU

Dans la Bible, Dieu ne cesse de nous redire : « Ne craignez pas ! » Cet impératif divin revient 366 fois dans le texte sacré. Il accompagne notamment tout envoi en mission. Dieu demande à ses prophètes de ne pas céder à la peur devant les difficultés de l'œuvre qu'Il leur demande d'accomplir. Sa puissance et sa protection ne leur feront pas défaut.

En réponse à cet ordre divin, nous chantons souvent, en reprenant les paroles du psaume :

> Le Seigneur est mon berger,
> rien ne saurait me manquer.
> Si je traverse les ravins de la mort,
> je ne crains aucun mal :
> ton bâton me guide et me rassure.
>
> Ps 23, 1-4.

Mais, par ailleurs, *la Bible nous encourage souvent à « craindre le Seigneur »* (Dt 4, 10 ; Jb 1, 1 ; Ps 22, 24 ; 25, 12, etc.). Marie n'est pas la seule à exalter les « craignant Dieu ». Car viendra le jour où le Seigneur jugera tous les hommes et rendra à chacun selon ses œuvres. Il s'agit d'être prêt à paraître devant Lui ce jour-là. Jésus Lui-même a multiplié les paraboles pour exhorter ses disciples à la vigilance : qu'ils soient toujours prêts à rendre compte de la gestion de leurs talents quand Il reviendra dans sa gloire (Mt 11, 20-24 ; 25, 1-46).

Mais alors, comment l'apôtre Jean peut-il affirmer que « *le parfait amour bannit la crainte*, car la crainte implique un châtiment » (1 Jn 4, 18) ? Nous devons, dit-il encore, « avoir pleine assurance devant Dieu », car « si notre cœur venait à nous condamner, Dieu est plus grand que notre cœur » (1 Jn 3, 20-21). Et saint Paul aime à nous rappeler que nous n'avons pas reçu « un esprit d'esclaves pour retomber dans la crainte, mais un esprit de fils adoptifs qui nous fait nous écrier : "*Abba !* Père" » (Rm 8, 15).

Alors, qu'en est-il ? Quelle place le chrétien doit-il faire à la crainte de Dieu dans sa vie spirituelle ?

Dans son commentaire de la première lettre de saint Jean, saint Augustin nous suggère une réponse. Il y a, dit-il, une certaine forme de crainte de Dieu qui est une *première étape* dans la vie spirituelle. Elle aide le pécheur à se convertir. *Par peur d'être entraîné par le diable en enfer*, le pécheur se détourne du mal et commence à mener une vie plus conforme à l'Évangile. Le pasteur africain ne prétend nullement que cette attitude soit mauvaise. Bien au contraire ! Cette première forme de crainte de Dieu, écrit-il, « donne accès à la charité ».

En ce sens, elle est, comme le dit l'Écriture, « *le commencement de la sagesse* » (Ps 111, 10) et « mène à la vie » (Pr 19, 23), car elle pousse le pécheur à se convertir et à éviter ainsi la mort éternelle.

Mais, continue saint Augustin, il est souhaitable que notre pratique du bien soit motivée par cet amour fervent du Seigneur dont parle l'apôtre Jean et « qui bannit la crainte ».

Est-ce à dire que la crainte n'existe plus du tout dans le cœur de celui qui se met à aimer Dieu pour Lui-même ? Si, mais c'est une autre crainte. Ce n'est plus la peur d'être damné, mais la crainte de perdre Dieu, un peu à la manière de l'épouse fidèle qui s'inquiète à l'idée que son mari pourrait ne plus revenir chez elle par suite d'un accident !

Les deux façons de craindre Dieu

On ne peut mieux expliquer la distance qui sépare ces deux craintes, l'une que bannit la charité, l'autre, chaste, qui dure dans les siècles des siècles, qu'en les comparant à deux femmes mariées. Suppose que l'une d'elles soit désireuse de commettre l'adultère, qu'elle se complaise dans le mal, mais craigne la réprobation de son mari. Elle craint son mari, mais c'est parce qu'elle aime encore le mal qu'elle le craint : la présence de son mari ne lui est pas douce, mais à charge ; et s'il lui arrive de se conduire mal, elle craint que son mari ne survienne. Tels sont ceux qui craignent que ne vienne le jour du jugement. Imagine une autre femme qui aime son mari, qui réserve pour lui ses chastes embrassements, qui ne se laisse pas effleurer par la moindre souillure d'adultère : elle souhaite la présence de son mari. Et comment distinguer ces deux craintes ? L'une craint, et l'autre craint. Interroge-les : elles te répondent comme d'une même voix.

> Demande à l'une : crains-tu ton mari ? Elle répond : je le crains. Demande aussi à l'autre si elle craint son mari ; elle répond : je le crains. La réponse est la même, mais le cœur est différent. Si maintenant tu leur demandes : Pourquoi ? L'une répond : je crains que mon mari ne vienne ; et l'autre : je crains que mon mari ne s'en aille. L'une dit : je crains qu'il ne me réprouve ; l'autre : je crains qu'il ne m'abandonne. Mets ces mêmes sentiments dans le cœur des chrétiens : et tu découvres la crainte que bannit la charité, et l'autre crainte, chaste, qui demeure.
>
> SAINT AUGUSTIN,
> *Commentaire de la première lettre de saint Jean*, IX, 5-6.

Tâchons de préciser un peu plus la nature de cette crainte de Dieu que la Tradition chrétienne considère comme le premier des dons du Saint-Esprit... Quel est son effet ?

Il nous donne, dirions-nous en langage moderne, le *sens de Dieu*. On ne s'adresse pas à Dieu comme à un camarade ou même comme à son supérieur. Dieu est saint ! Il est le Tout-Autre ! Devant Lui on éprouve le besoin de se déchausser et de se prosterner. Comme Moïse au Sinaï quand Dieu s'est manifesté à lui. Attitude de « crainte révérencielle » qui n'a absolument rien de morbide !

Le vrai « craignant Dieu » connaît aussi sa faiblesse, sa fragilité foncière de créature blessée par le péché. Il se méfie de lui-même, ou plutôt, *il se méfie du diable et demande à Dieu de l'en délivrer* (Mt 6, 13). Il se souvient que Jésus a dit à ses disciples : « Ne craignez rien de ceux qui tuent le corps, mais ne peuvent tuer l'âme. Craignez plutôt Celui qui peut perdre dans la géhenne à la fois l'âme et le corps » (Mt 10, 28).

Plus un chrétien progresse, plus il a conscience qu'il pourrait, si Jésus ne le tenait pas solidement en mains, tomber dans l'orgueil et faire ainsi le jeu du démon.

Cette crainte tout évangélique n'est nullement traumatisante, comme peut l'être la peur panique qui s'empare de ceux qui voient le diable partout. C'est la crainte de l'enfant qui connaît sa fragilité et qui, loin de faire valoir ses bonnes œuvres quand il se présente devant Dieu, préfère répéter avec le publicain : « Prends pitié, Seigneur, du pécheur que je suis » (Lc 18, 13).

On ne dira jamais assez que le Dieu de la Bible est un « Dieu de tendresse et de miséricorde, lent à la colère, plein d'amour et de fidélité ». *« Nemo tam pater »* (Personne n'est aussi père), disait Tertullien. Il n'est donc pas question d'en avoir peur ou de douter un seul instant qu'Il puisse nous secourir.

Mais l'enfant de Dieu sait aussi qu'il doit demander son aide « avec crainte et tremblement », c'est-à-dire avec l'humilité foncière d'une créature, car la *grâce* de Dieu n'est pas un dû, mais un don absolument *gratuit*.

La crainte de Dieu nous empêche de mettre la main sur les dons de Dieu. Elle nous les fait désirer et demander comme des enfants bien élevés, qui n'oublient jamais à Qui ils s'adressent lorsqu'ils prient Dieu.

L'ORGUEIL ME PERD

Si tu as du talent
Ou même du génie,
Tout vient du Saint-Esprit,
Tu n'es que l'intendant.

~

Quand tu te crois très grand,
Mets-toi vite à genoux.

~

Que t'offriront tes palmarès
Et ton goût de faire florès
Quand tu t'en iras *ad patres* ?

~

Au Ciel le saint se réjouit
D'être un orgueilleux converti.

~

Plus tu crois ne rien mériter,
Plus Dieu se plaît à te choyer.

~

Ce n'est pas ta vigueur
Qui plaît à ton Seigneur,
Mais cette pauvreté
Que tu te reconnais.

Marie BAUDOUIN-CROIX

Je manque de confiance en moi

1. Les causes
   Les échecs
   Les blessures
2. Les remèdes humains
   L'évocation des bons souvenirs
   La mise en valeur de mes possibilités
   L'acceptation de mes limites
3. Les remèdes spécifiquement chrétiens
   Dieu m'aime tel que je suis
   Dieu donne valeur au moindre de mes actes
   Dieu peut me guérir

Sentiment d'infériorité et complexe d'infériorité

Chapitre V

Je manque de confiance en moi

Si l'humilité est la vertu fondamentale d'une vie chrétienne, il ne faudrait pas l'assimiler au manque de confiance en soi qui empoisonne si souvent la vie de ces braves gens qui s'imaginent toujours n'avoir aucune valeur : malgré les félicitations ou les encouragements qu'ils reçoivent de leur entourage, ils n'ont que mépris pour eux-mêmes.

Un mépris qui est en contradiction formelle avec l'admiration du Seigneur pour chacun de ses enfants et qui empêche celui qui en est affecté de développer toutes ses possibilités et d'avoir de bonnes relations avec les autres.

Après avoir rappelé les principales causes de ce manque de confiance, nous verrons les remèdes qu'on peut proposer à celui qui veut en guérir.

1. Les causes

Nombreuses sont les raisons d'un manque de confiance en soi-même. Il y a celles dont on a pleinement conscience et celles qui sont sans doute enfouies dans les profondeurs de l'inconscient.

• *Les échecs*

Mes échecs et surtout les échecs répétés que je subis depuis quelques années en différents domaines peuvent être la cause essentielle de mon malaise :

– j'ai échoué plusieurs fois à un concours auquel ont été reçus d'anciens camarades de classe qui jadis n'étaient pas plus forts que moi ;

– je suis au chômage depuis plus d'un an ;

– je ne sais pas « me vendre » sur le marché du travail, je ne sais pas faire valoir mes compétences devant un chef de personnel au cours d'un entretien d'embauche ;

– je manque de dynamisme dans l'exercice de mon métier, je ne suis pas assez mordant pour intéresser un nouveau client ou demander une augmentation de salaire à mon patron ;

– j'ai peur de prendre la parole en public ;

– je ne sais pas défendre mon point de vue lorsqu'il est contesté dans une réunion ;

– je ne suis pas encore marié, alors que tous mes frères et sœurs le sont et que certains sont beaucoup plus jeunes que moi ;

– j'ai l'impression que ma conversation n'intéresse pas grand monde et que mes suggestions ne sont jamais prises au sérieux ;

– je n'ai aucun objectif à moyen ou à long terme : je manque d'ambition ;

– je n'ose pas entreprendre de grand voyage ;

– je n'ai guère d'amis et je n'ose pas les inviter chez moi ;

– j'ai l'impression que je ne rends pas tellement heureux ma femme (mon mari) et mes enfants.

• *Les blessures*

Il m'arrive aussi de pressentir dans mon affectivité la présence de blessures qui remontent à mon enfance ou à mon adolescence et qui expliquent en grande partie ce manque de confiance en moi :

– j'ai été écrasé en famille par l'assurance d'un frère (ou d'une sœur) plus brillant(e) que moi ;

– je n'ai jamais été chaleureusement félicité par mes parents : par peur de me voir pécher par orgueil ou sous prétexte de me faire progresser, ils me disaient sans cesse que je pouvais « faire mieux » ;

– après s'être longtemps disputés, mes parents ont fini par se séparer et je m'en suis culpabilisé ; j'ai longtemps pensé que j'aurais pu, par mon affection, aider mes parents à se réconcilier ;

– à une certaine époque de ma scolarité, mes camarades de classe se sont moqués de moi : je n'étais pas habillé comme les autres, n'étais pas très adroit dans les jeux, ils me trouvaient trop petit (ou trop grand, ou trop costaud) ;

– j'ai été longtemps couvé par mes parents. Ils prenaient à ma place toutes les décisions importantes et ne me laissaient prendre aucune initiative : je n'ai donc jamais pris l'habitude de me battre face aux difficultés de l'existence. Mon comportement n'est pas celui d'un adulte ;

– j'ai toujours eu peur de ne pas faire suffisamment honneur aux parents qui m'ont adopté : je craignais sans cesse qu'ils ne m'abandonnent à leur tour. Mes succès en tout genre n'ont jamais réussi à supprimer ma peur viscérale de me retrouver à nouveau orphelin.

Les enfants peuvent être méchants

Partout où l'amour est absent, l'humiliation occupe la place vide. Celui que l'on n'aime pas, on ne peut s'empêcher de l'humilier, on l'abreuve de déclarations de non-amour. Sans doute, pour se justifier de ne pas l'aimer. « Grosse patate », dit le frère aîné à sa jeune sœur, déjà mortifiée d'être un peu boulotte. Et la voilà qui ne sera plus jamais réconciliée avec son corps ! Elle va se gaver de gâteaux pour compenser la boulimie de son cœur.

Je me souviendrai jusqu'à mon dernier souffle de cet enfant, en sixième, que nous pincions, mes camarades et moi, jusqu'au sang, pour la joie sordide d'assister au spectacle de sa peur. Qui avait mis cet instinct ignoble dans nos veines ? Est-ce cela, le péché originel ?

M. Brice de Saint-Macary, dans une petite chambre d'hôtel, m'a raconté pendant deux heures les humiliations qu'il a subies dès l'enfance. Sa petite taille (un mètre trente) déclenchait des réflexes de rejet. À une soirée champêtre, une dame avait dit : « Quel dommage que la présence de ce monstre nous gâche le paysage ! » L'enfant qu'il était avait tout entendu. Pris entre l'envie de mourir et celle de se venger, il trouve un dérivatif dans l'habileté du révolver. Puis, échappant de justesse au suicide et à la haine, il consacre sa vie à la défense des humiliés.

STAN ROUGIER,
« Lorsque le pauvre est humilié, Dieu se lève »,
revue *Christus,* n° 104, octobre 1979, p. 444.

Oser être heureux

J'ai bien connu, il y a des années, un jeune ménage que la mort accidentelle de l'épouse devait briser après seulement trois ans de mariage. La souffrance du mari était atroce, d'autant plus qu'il avait le sentiment de n'avoir pas su rendre heureuse celle qu'il venait de perdre.

C'était une jeune femme exquise, vive, sensible, hypersensible. Lui, de huit ans son aîné, était un homme assez exceptionnel à tous points de vue. Elle se reprochait sans cesse de ne pas l'aimer comme elle l'aurait voulu, elle en était continuellement malheureuse.

Après qu'il l'eut perdue, il me confia : « Elle ne pouvait s'empêcher de me demander plusieurs fois par jour : "Est-ce que tu sais que je t'aime ?" Ou encore : "Qu'est-ce que je peux faire pour toi ?" Après la moindre maladresse : "Tu ne m'en veux pas ?" Dans les premiers temps de notre mariage, je trouvais infiniment émouvant cet amour tout tremblant et si sincère. Mais, très vite, je crus déceler, derrière ces questions, une anxiété latente. Tel soir, elle était encore tout attristée parce qu'à midi le repas avait eu vingt minutes de retard. Presque toujours, après le départ des amis qui nous avaient rendu visite, elle me disait, douloureuse : "Je ne t'ai pas fait honneur, n'est-ce pas ?" alors qu'en fait tous l'admiraient et l'aimaient.

Souvent, au début de la veillée, quand nous étions seuls à la maison – cette maison que nous aimions tant l'un et l'autre – je passais un de ses disques préférés et lui disais : "Comme je voudrais que, pour ma bien-aimée, ces quelques heures soient un coin de ciel, sans nuages, sans arrière-pensées, pleines de reconnaissance envers Dieu pour le merveilleux amour qu'il nous a donné ! Est-ce que tu sens le bonheur profond qui me vient de toi ?" Ces paroles la rendaient heureuse, et tendrement elle s'abandonnait dans mes bras. Mais ce n'était pas de longue durée. Vite, pointait à nouveau l'inquiétude : "Tu ne me dis pas ça pour me faire plaisir ?" Elle n'osait pas être heureuse. L'amour que je lui portais, elle était sûre de ne pas le mériter, elle n'y voyait que l'aumône d'un cœur généreux.

Dans sa question souvent répétée : "Qu'est-ce que je peux faire pour toi ?", je croyais discerner le ressort profond de sa psychologie. "Pourquoi, lui disais-je, veux-tu toujours *faire* ? Être, être toi, toi à moi – tu ne peux rien faire de plus pour me combler. Ce n'est pas ce que tu fais, mais ce que tu es qui engendre mon si grand bonheur." Que de fois ai-je cru avoir réussi à la convaincre : son regard exprimait la joie de l'enfant perdu, encore tout tremblant, qui vient de retrouver les siens. Mais très vite il me fallait reconnaître que j'avais auprès de moi un cœur anxieux que rien ne pouvait rassurer. Elle n'osait pas, elle ne pouvait pas être heureuse purement et simplement. »

HENRI CAFFAREL,
Nouvelles lettres sur la prière,
Feu Nouveau, 1976, pp. 30-31.

2. *Les remèdes humains*

• *L'évocation des bons souvenirs*

Pour prendre plus d'assurance, il serait bon de me rappeler les moments de l'existence où les autres ont apprécié mes faits et gestes. Il m'a alors semblé que je n'étais pas « nul ». Au lieu de céder à ma fâcheuse tendance à n'évoquer que les mauvais souvenirs de ma vie, je devrais m'obliger à faire davantage appel aux moments où j'ai eu l'impression de faire bonne figure.

Si mes proches ne m'apprécient pas autant que je le souhaiterais – nul n'est prophète en son pays –, j'ai certainement rencontré plus d'une fois des personnes qui m'ont manifesté leur estime. Pourquoi ne pas me souvenir plus souvent des marques de sympathie qu'elles m'ont alors données ? Cela m'aiderait à retrouver une image positive de moi-même.

• *La mise en valeur de mes possibilités*

Pour parvenir à une plus grande aisance en société, il est également nécessaire de travailler chaque jour à l'amélioration de mes capacités. Les talents que Dieu m'a confiés, je ne dois pas les enterrer, mais les cultiver de telle sorte que je devienne de plus en plus performant, capable de réaliser des choses de plus en plus difficiles. Peu à peu, je deviendrai fier des progrès que j'aurai réussi à accomplir. Fierté tout à fait légitime qui n'a rien à voir avec l'arrogance de l'orgueilleux qui s'imagine être meilleur que tous et qui oublie complètement tout ce qu'il doit aux autres et à Dieu !

Je n'ai pas tous les atouts

Pour moi le bonheur ressemble à un jeu de cartes. Même si certaines d'entre elles manquent à mon jeu – pour moi, la carte de la santé – j'ai d'autres atouts qui peuvent me permettre de gagner la partie et donc de connaître le bonheur.

LILIAN,
vingt-sept ans, handicapé, pèlerin de Lourdes.

• *L'acceptation de mes limites*

Pour être bien dans ma peau, il faut aussi que j'accepte mes limites. Je n'ai pas tous les talents et je développerai d'autant mieux les miens que je ne perdrai pas mon temps à jalouser ceux des autres. Pourquoi me désoler de n'être pas musicien, alors que je suis très fort en travaux manuels ? Pourquoi m'attrister de ne pas savoir parler en public, alors que les autres apprécient mon aptitude à les écouter ?

Le manque de confiance en soi est souvent lié à la non-acceptation des limites de la condition humaine. Aussi curieux que cela puisse paraître, l'humilité est un préalable indispensable à l'avènement de la confiance en soi.

Pour réussir dans son métier, dans son apostolat, il faut en effet accepter l'éventualité de subir quelques échecs. Les champions savent très bien qu'on n'accède pas du jour au lendemain à la plus haute marche du podium. Et pour triompher d'un ennemi, il n'est pas nécessaire de gagner toutes les batailles qu'on mène contre lui, mais il est indispensable de reprendre le combat après une défaite.

Il ne manque pas aujourd'hui de maîtres de sagesse qui enseignent à leurs disciples toute une série de techniques destinées à les aider à devenir moins timides, plus entreprenants, plus audacieux. D'une façon ou d'une autre, ils insistent sur le rôle du contrôle cérébral dans l'acquisition d'une bonne confiance en soi. Au lieu de laisser vagabonder en tous sens sa mémoire et son imagination, il faut apprendre à discipliner son esprit, à vivre intensément le moment présent : la crainte panique de l'avenir cède alors la place à l'attente paisible des événements.

Le chrétien ne fait pas fi de ces techniques, mais il trouve dans sa foi des raisons essentielles de ne pas céder au mépris de lui-même.

Les personnes sont des cadeaux

Du moins ainsi pensait Jésus : « Père, je veux que ceux que tu m'as donnés soient là où je serai... »
Je partage l'avis de Jésus et je veux que ceux que le Père m'a donnés soient là où je serai.
Les gens sont des cadeaux que le Père a enveloppés pour nous les envoyer.
Certains sont magnifiquement enveloppés.
Ils sont très attrayants, dès le premier abord.
D'autres sont enveloppés de papier très ordinaire.
D'autres ont été malmenés par la poste.
Il arrive parfois qu'il y ait une « distribution spéciale ».
Certains sont des cadeaux dont l'emballage laisse à désirer ;
D'autres dont l'emballage est bien fait.

Mais l'emballage n'est pas le cadeau !
C'est si facile de faire erreur – et nous rions
Quand les enfants prennent l'un pour l'autre.
Parfois le cadeau est difficile à ouvrir. Il faut se faire aider.

Peut-être parce que les autres ont peur ?
Parce que ça fait mal ?
Ils ont peut-être été déjà ouverts et rejetés !
Ou se pourrait-il que le cadeau ne me soit pas destiné ?

Je suis une personne et donc, moi, je suis un cadeau !
Un cadeau pour moi-même, d'abord.
Le Père m'a donné à moi-même.
Ai-je déjà regardé à l'intérieur de l'emballage ?
Ai-je peur de le faire ?
Peut-être n'ai-je jamais accepté le cadeau que je suis...
Pourrait-il se faire qu'il y ait à l'intérieur
Quelque chose de différent de ce que je m'imagine ?
Je n'ai peut-être jamais vu le cadeau merveilleux que je suis.
Les cadeaux du Père pourraient-ils être autre chose que magnifiques ?
J'aime les cadeaux que je reçois de ceux qui m'aiment, pourquoi pas les cadeaux du Père ?
Je suis un cadeau pour les autres.
Est-ce que j'accepte d'être donné par le Père aux autres ?
Un homme pour les autres ?
Les autres doivent-ils se contenter de l'emballage ?
Sans jamais pouvoir apprécier le cadeau ?

GEORGES B. NINTEMANN
(traduit de l'américain par H. Gagnaire).

3. Les remèdes spécifiquement chrétiens

Le disciple du Christ puise dans l'Écriture un certain nombre de convictions qui l'amènent à redresser la tête avec fierté, lorsqu'il est tenté de se laisser dominer par l'impression pénible de n'avoir aucune valeur aux yeux des autres et à ses propres yeux.

• *Dieu m'aime tel que je suis*

Je ne suis pas un mal-aimé, puisque Dieu me répète sans cesse que j'ai du prix à ses yeux (Is 43, 4) et qu'Il prend plaisir à m'admirer. Le prophète Sophonie va jusqu'à dire que Dieu « danse de joie » devant sa création (So 3, 17).

Ce serait donc faire injure à Dieu que de me laisser aller à penser qu'il existe dans le monde des êtres dont Il ne prend pas un soin jaloux. Même si elle naît avec un handicap profond, toute personne humaine est unique au monde. Elle est appelée à devenir un être merveilleux, brillant de tous ses feux au milieu des autres joyaux du paradis. Rien n'est impossible à Dieu. Les individus qui nous semblent aujourd'hui anormaux, Dieu est capable de les transfigurer un jour en de véritables chefs-d'œuvre.

Cette conviction doit m'aider à ne jamais me mépriser moi-même, à ne jamais céder au désespoir lorsque je viens d'essuyer plusieurs échecs successifs ou lorsque, par suite d'un terrible accident de la circulation, je me retrouve en fauteuil roulant.

Une telle attitude, reconnaissons-le, n'est d'ailleurs possible que si je reçois une grâce exceptionnelle de foi en l'amour sans mesure du Seigneur pour tous les hommes et une grâce non moins exceptionnelle d'espérance en la toute-puissance de son action chez les êtres les plus fragiles et les plus démunis.

Je suis un être unique au monde

Je suis connu de Dieu non pour ce que je fais ou ce que j'ai fait, en bien ou en mal, pas pour mon rendement ou mon désordre. Je suis connu et aimé pour moi-même, sans intermédiaire, sans mesure de loi ou d'efficacité. Et je suis appelé à « connaître, comme je suis connu » – centre dans le centre, non pas perdu, mais assumé, voulu, transfiguré. Et si je ne suis pas, si vous n'êtes pas, chacun de vous, le centre du monde, alors il n'y en a pas. L'humanité n'est qu'un leurre, une abstraction, car personne n'est plus que moi au centre de tout, ni le pape, ni le Dalaï Lama, ni Louis XIV. Mon rôle social est mesurable et infime, mais dans ma prière, le plus grand n'est pas plus grand que moi et le moins utilisable est un absolu.

Et c'est là le fondement des droits de l'homme. On en parle beaucoup. Encore faut-il vivre ce rapport à l'absolu pour que cette dignité infinie ne soit pas de pure forme.

André David,
homélie radiodiffusée, 27 février 1983.

• *Dieu donne valeur au moindre de mes actes*

Le mystère de la valeur inouïe que Dieu donne à la moindre de mes actions, lorsque je les accomplis avec amour, doit aussi contribuer à me faire relever la tête avec confiance, lorsque je suis tenté de me laisser aller au mépris de moi-même.

Ce qui compte, ce n'est ni le nombre ni l'éclat des activités qu'il nous est donné d'accomplir, mais l'amour avec lequel nous les accomplissons.

« Le plus petit mouvement de pur amour, affirme Jean de la Croix, est plus utile à toute l'Église que toutes les œuvres réunies ensemble[1]. »

> Faire les petites choses comme grandes à cause de la majesté de Jésus-Christ qui les fait en nous et qui vit notre vie, et les grandes comme petites et aisées à cause de sa toute-puissance.
>
> BLAISE PASCAL,
> « Le mystère de Jésus »,
> *Œuvres complètes*, Seuil, 1963, p. 621.

• *Dieu peut me guérir*

Le chrétien ne doit pas hésiter à demander à Dieu la guérison de son affectivité marquée depuis des années par les blessures de sa petite enfance ou les échecs de son existence.

Si la guérison ne s'accomplit pas en un instant de manière quasi miraculeuse, elle peut s'opérer peu à peu au fil des ans, avec ou sans l'aide d'une psychothérapie. De toute façon, pour que la guérison soit complète, il faut recevoir la grâce de pardonner entièrement à ceux et celles qui nous ont jadis blessés. Ce qui ne signifie pas que nous ne conserverons pas quelques séquelles du traumatisme provoqué par ces blessures. Mais elles ne nous empêcheront plus de vivre, et de le

1. *La Vive Flamme d'amour*, str. I, explication du v. 6.

faire en bonne harmonie avec nos frères. Il ne manque pas de saints qui ont vécu l'Évangile à un degré particulièrement héroïque, tout en restant affectés jusqu'à la fin de leur vie par une certaine timidité contractée dans leur enfance.

Nous avons vu dans le chapitre précédent la beauté du geste par lequel la créature se prosterne devant son Créateur.

Mais il est un autre geste que le Seigneur attend de nous et qui Lui plaît tout autant que la génuflexion. C'est que, devant Lui et les autres, nous nous redressions de toute notre taille. Nous ne devons pas être des gens prostrés, mais des personnes « debout[1] ».

Le Seigneur veut en effet que nous nous débarrassions des complexes d'infériorité qui peuvent encore nous paralyser et que nous surmontions les tentations de découragement qui ne manquent pas de survenir dans notre vie.

Rappelons-nous le mot par lequel le Christ a ressuscité à Capharnaüm la fille de Jaïre : « *Talitha, koum* » (« Petite fille, lève-toi ») (Mc 5, 41). Et la petite fille se dressa, vivante.

C'est chaque jour que le Seigneur prononce ce mot sur nous. Sans cesse Il nous appelle à nous relever après une chute, à relancer nos filets après un échec apostolique, à repartir d'un bon pas après un moment de lassitude.

Cela n'est nullement en contradiction avec ce que nous disions plus haut, car le Seigneur n'est pas seulement venu chercher des adorateurs « qui adorent le Père en esprit et en vérité » (Jn 4, 24). Il est venu « pour que nous ayons la vie et la vie en surabondance » (Jn 10, 10). « La gloire de Dieu, c'est la vie de l'homme », disait saint Irénée de Lyon. Nous proclamons aussi la gloire de Dieu en développant de notre mieux tous les talents qu'Il nous a confiés : on peut être à la fois humble et ambitieux.

---

1. L'attitude debout est d'ailleurs constitutive de la prière chrétienne. Dès ses origines, l'Église a exhorté ses fidèles à la privilégier dans leur liturgie dominicale afin d'exprimer ainsi leur foi en la résurrection du Christ et leur certitude d'être déjà ressuscités avec Lui. Le premier concile de Nicée (315) avait même interdit aux chrétiens de s'agenouiller le dimanche et durant le temps pascal.

N'allons donc pas répéter sans cesse au Seigneur que nous sommes de pauvres types et que nous ne savons rien faire. Un père serait-il heureux d'entendre l'un de ses enfants lui rabâcher continuellement : « Papa, je suis un enfant raté » ? Nous connaissons la réponse que Dieu nous ferait si nous avions la bêtise de Lui tenir de tels propos : « Mon enfant chéri, tu n'es peut-être pas un aigle, mais tu es unique au monde. Redresse-toi bien. Reprends ton souffle et cours avec entrain sur le chemin. Je suis avec toi » (voir Is 43, 4 ; Ps 119, 32 ; Mt 28, 20).

Nous parlions, dans le chapitre précédent, des vieillards de l'Apocalypse lançant leurs couronnes devant le trône divin. Mais j'imagine que Dieu ne cesse de les leur rendre. Comment pourraient-ils accomplir éternellement ce geste, s'ils étaient à jamais découronnés ?

Oui, plus nous reconnaissons joyeusement que Dieu seul est le Roi des rois et le Seigneur des seigneurs, plus Il nous redit que nous sommes ses princes et ses princesses et que nous devons relever la tête avec fierté.

Lorsque je prépare des jeunes au sacrement de réconciliation, je leur propose volontiers de demander pardon au Seigneur pour deux gestes qu'ils n'accomplissent pas assez souvent dans leur vie. Mais je leur précise que, même s'ils sont acrobates, ils ne peuvent pas les exécuter simultanément : fléchir le genou devant Dieu, se tenir debout face à Lui.

Cette double attitude d'humilité et de fierté ne conditionne pas seulement la santé de notre relation avec Dieu, mais l'harmonie de nos rapports avec autrui. Nous devons en effet apprendre tantôt à nous effacer devant les autres, tantôt à nous affirmer devant eux.

Aime ton prochain comme toi-même (Lv 29, 18)

Dieu nous demande de nous aimer nous-mêmes, de ne jamais nous mépriser. Ce bon amour de soi est une condition indispensable à l'amour du prochain.

Ce thème est très présent dans l'œuvre de Georges Bernanos.

Au début des *Dialogues des carmélites*, la vieille prieure met en garde la toute jeune postulante, la future sœur Blanche de l'Agonie du Christ, contre la tentation de se mépriser elle-même : « Les saints ne se raidissaient pas contre les tentations, ils ne se révoltaient pas contre eux-mêmes, la révolte est toujours une chose du diable, et surtout ne vous méprisez jamais ! Il est très difficile de se mépriser sans offenser Dieu en nous » (2e tableau, scène 8).

Le père Cocagnac a fait justement remarquer que celui qui juge son prochain et le condamne sans appel est aussi celui qui ne s'accepte pas, qui n'a plus confiance dans la puissance de Dieu à l'œuvre dans son âme : « On ne médite pas suffisamment cette deuxième partie de la Loi : comme toi-même. Pour aimer les autres, il faut s'aimer soi-même. On ne saurait aimer son prochain à coups d'impératifs catégoriques, si le cœur est broyé par un dégoût de soi » (« La paille et la poutre », dans *La Vie spirituelle*, janv. 1957, p. 37).

Même idée sous la plume de Louis Lavelle : « Nous savons bien que chacun est toujours avec les autres ce qu'il est avec soi. C'est la même chose : celui qui est irrité contre tout le monde l'est d'abord contre soi. Ce sont les mêmes qui persécutent autrui et qui se persécutent eux-mêmes. Il est faux que l'on puisse se complaire avec soi et ne pas tolérer autrui, ou être incommode à l'égard de soi et plein de prévenance pour autrui. Comment celui qui fait son propre malheur pourrait-il faire le bonheur d'autrui ? L'essentiel est donc de satisfaire aux devoirs envers soi. Tout le reste suit » (*Conduite à l'égard d'autrui*, Paris, 1957, pp. 80-81).

SENTIMENT D'INFÉRIORITÉ ET COMPLEXE D'INFÉRIORITÉ

Alfred Adler, un disciple dissident de Sigmund Freud, a bien noté la différence notable qui sépare le sentiment d'infériorité du complexe d'infériorité.

Nous éprouvons tous des *sentiments d'infériorité* à l'égard des personnes qui réussissent mieux que nous en tel ou tel domaine d'activité. Il est même souvent arrivé qu'un individu ait été amené à se surpasser dans la branche même où il se sentait inférieur aux autres. En faisant passer des tests en différents conservatoires, Adler avait en effet remarqué que des peintres y voyaient mal et que des musiciens avaient des problèmes d'oreilles (Beethoven par exemple). On sait aussi qu'il ne manque pas de sportifs qui se lancent dans la compétition pour se prouver à eux-mêmes et aux autres qu'ils ne sont pas aussi malingres qu'ils en ont l'air : bienheureuse compensation d'un sentiment d'infériorité !

On peut parler au contraire de *complexe d'infériorité* quand un individu se sent vraiment écrasé par les autres et qu'il est dominé par l'impression terrible de n'avoir aucune valeur à leurs yeux.

Une souffrance qui s'enracine la plupart du temps dans une série d'humiliations subies durant la petite enfance ou l'adolescence.

L'être qui souffre de ce complexe le vit habituellement en ayant peur de son ombre, en n'osant jamais s'affirmer face à autrui, mais il arrive aussi qu'un enfant atteint de ce complexe essaye de se prouver à lui-même et aux autres qu'il a de la valeur. Il se fait remarquer, « joue au caïd » et risque de devenir plus tard un « loubard » ou un véritable délinquant. Le complexe d'infériorité se camoufle alors derrière un complexe de supériorité.

JE MANQUE DE CONFIANCE EN MOI

Même si tu avais tout faux,
Dieu jamais ne te met zéro.

~

N'aie pas ce visage piteux,
Puisque tu es joie pour ton Dieu.

~

Il faut que tout de toi
Devienne alléluia.

~

Apprécie les petits bonheurs
Comme des clins d'œil du Seigneur.

~

Il manque peut-être ta voix
Pour entonner l'hymne à la joie.

~

Garde ton regard étonné
D'enfant roi qui se sait aimé.

~

Tu es plus grand que les étoiles,
Puisque tu seras éternel
Quand elles tomberont du ciel.

~

Toi, petit mongolien,
Tu seras, ô combien!
Brillant de mille feux
Dans les bras du bon Dieu.

Marie BAUDOUIN-CROIX

Dire qu'il faudrait se lever !

Le courage me lâche

CHAPITRE VI

Le courage me lâche

Telle est parfois notre réaction, lorsque nous sommes brusquement confrontés à une situation particulièrement difficile : deuil, échec sentimental, professionnel ou politique, démarche délicate à entreprendre, combat dangereux à mener, travail pénible à accomplir, etc. Une extrême lassitude s'empare de nous : nous n'arrivons pas à faire face à la difficulté comme il le faudrait.

Ce sentiment de découragement est ressenti d'autant plus douloureusement que nous vivions jusque-là dans l'illusion d'être courageux : nous ne donnions à personne – et surtout pas à nous-mêmes – l'impression d'être lâches ! Et brusquement voici que tout bascule. Nous sommes bien obligés de constater que nous ne sommes pas aussi forts que nous l'imaginions. Les ressorts sont complètement détendus ; peut-être même nous paraissent-ils brisés !

Loin de nous aider, notre foi ajoute alors à notre désarroi. Nous nous culpabilisons de ne pas être plus généreux, de ne pas être capables de donner au Seigneur la marque de fidélité qu'Il attend de nous en pareille circonstance. « C'est bien la peine de prier, nous dit notre entourage, tu n'es pas plus courageux que les autres ! » Il n'est d'ailleurs pas nécessaire qu'on nous le dise pour que nous le pensions. Notre prière nous paraît totalement inefficace !

Même si nous ne sommes pas actuellement confrontés à de graves difficultés, nous pouvons ressentir un malaise semblable lorsque nous évoquons le courage dont ont fait preuve nos glorieux aînés : les « poilus » de 14–18, les résistants de la dernière guerre, les missionnaires partis évangéliser l'Afrique au siècle dernier et qui sont morts jeunes – terrassés par le paludisme ou la malaria –, les martyrs qui ont accepté sans murmurer les tortures les plus raffinées, etc.

Sans compter tous ceux et toutes celles qui, aujourd'hui encore, mènent un combat difficile – et souvent obscur – au service des autres : médecins sans frontières, pères ou mères de famille travaillant sans relâche malgré leur fatigue, éducateurs de rue, tous ceux qui mènent une « grève de la faim » pour soutenir une cause qu'ils estiment juste, chômeurs qui continuent à chercher du travail malgré toutes les embauches manquées...

Comment ne pas se sentir tout petit devant cette foule immense de gens courageux ? Et surtout, comment retrouver un peu de courage lorsqu'il vient à manquer ?

En appliquant précisément un certain nombre de remèdes qui ont fait leurs preuves dans le passé et qui ont permis à des milliers d'hommes et de femmes de ne pas se laisser abattre quand ils ont été acculés à adopter une conduite héroïque.

Certains de ces principes sont purement humains ; d'autres supposent la foi en l'Évangile.

1. Les ressorts du courage humain

Le concile Vatican II insiste à plusieurs reprises sur l'action de l'Esprit-Saint dans le cœur des hommes de bonne volonté qui, sans croire en Jésus-Christ, essayent d'être fidèles aux exigences les plus profondes de leur conscience. Les chrétiens auraient bien tort de ne pas chercher à deviner les secrets de leur conduite pour dynamiser leur propre vie.

• *Le moteur formidable de l'amour*

Quand on aime, on arrive à se dépasser soi-même.

C'est l'amour – et pas seulement le besoin de manger et de boire – qui met chaque jour en marche des millions d'hommes et de femmes et les fait travailler !

C'est l'amour des chevaliers pour leur belle et des soldats pour leur pays qui a suscité sur les champs de bataille d'innombrables actions d'éclat. Et si Antoine Guillaumet a poursuivi sa marche forcée à travers la cordillère des Andes, c'était en pensant à son épouse : « Ma femme, si elle croit que je vis, croit que je marche. » Alors il fait encore cinquante mètres pour atteindre un rocher. On y retrouvera son corps à la fonte des neiges, et les assurances n'attendront pas cinq ans pour verser une pension à son épouse[1] !

• *L'union fait la force*

L'exemple précédent le montrait déjà, il est plus facile de faire un effort quand on n'est pas seul à l'accomplir : « Puisque les autres tiennent, je dois tenir ! »

L'amour-propre, reconnaissons-le, nous aide beaucoup à persévérer dans nos engagements : nous ne voulons pas passer pour des « lâcheurs » aux yeux de nos compagnons de lutte. Nous avons tous plus ou moins besoin de « supporters » qui applaudissent nos performances en tout domaine.

On devient courageux à force d'être « encouragé » ! Même s'il lutte seul, en pleine mer, contre les éléments, le navigateur solitaire imagine les ovations qui l'accueilleront, à son arrivée au port.

Et qui dira l'influence bénéfique très profonde exercée sur un enfant par les sourires affectueux qu'il reçoit de ses parents quand il réussit à vaincre sa peur ou sa paresse ? Comme disait un enfant : « Maman, quand on sait que tu es dans la maison, on fait tout mieux » !

---

1. Antoine de SAINT-EXUPÉRY, *Terre des hommes*, Gallimard, « Bibliothèque de la Pléiade », p. 164.

Le manque de courage du déprimé

Le manque de courage peut être dû à une mauvaise santé. Quand on a mal dormi, quand on est fatigué, on n'a pas le moral !

C'est pourquoi nous ne disons pas volontiers « Bon courage ! » à un malade qui souffre. *A fortiori* à une personne déprimée qui est psychologiquement incapable de réagir à ses idées noires !

Les personnes qui sont en pleine forme doivent toujours veiller à ne pas accabler leurs frères malades du poids de leur dynamisme ! Elles doivent bien plutôt compatir à leurs souffrances et les aider concrètement à s'en sortir, sans pour autant se culpabiliser d'être elles-mêmes en bonne santé !

• *Les bienfaits de l'ascèse*

Les moralistes de tous les temps ont exalté à juste titre les bienfaits irremplaçables de l'exercice inlassablement repris : c'est en forgeant qu'on devient forgeron ; c'est à force de faire des efforts qu'on devient courageux et capable d'accomplir des actions de plus en plus difficiles.

Les sportifs le savent bien : il faut des années d'entraînement pour avoir quelque chance d'être sélectionné et devenir champion. Hélas ! en dehors du sport, on ne fait pas souvent aujourd'hui l'éloge de l'ascèse. Un mot qu'on apprécierait davantage si l'on se rappelait son étymologie – *askésis*, en grec, signifie « exercice » – et si l'on réfléchissait surtout aux avantages que tout homme retire du combat qu'il mène contre sa nonchalance ou sa mauvaise humeur.

La sagesse humaine de tous les temps a repéré que la personnalité d'un enfant ne se construit qu'en franchissant un certain nombre d'obstacles. « Un monde sur mesure, remarquait Anna Freud, la fille du célèbre psychanalyste viennois, est un monde avec lequel l'enfant n'est plus obligé de se mesurer. »

« L'homme se découvre, affirmait de son côté Antoine de Saint-Exupéry, quand il se mesure avec l'obstacle. »

> « Il n'y a pas d'homme sans chagrin ;
> s'il y en a un, ce n'est pas un homme. »
> Shakespeare
>
> « Vivre, ce n'est pas traverser une plaine. »
> Proverbe russe
>
> « Ne me dites pas que ce problème est difficile ;
> s'il n'était pas difficile, ce ne serait pas un problème. »
> Maréchal Foch

C'est par ses efforts répétés que l'homme *(vir)* devient un homme digne de ce nom, un homme plein de vertu *(virtus)*. La *virtus* au sens étymologique du mot, c'est la force, le courage viril. Mais, par extension, le mot désigne aussi toutes les autres qualités morales que l'homme peut acquérir et développer grâce à ses efforts persévérants : la douceur, le sens des autres, la maîtrise de soi, la loyauté, etc.

Paul Foulquié a donné de la vertu cette excellente définition : « Une facilité acquise par l'exercice[1]. » Comme c'est juste ! À force d'être courageux, il est de plus en plus facile de l'être !

Mais il ne faut pas s'endormir sur ses lauriers. L'homme authentiquement vertueux trouve toujours de nouveaux terrains d'application pour exercer ses bonnes habitudes. Celles-ci ne deviennent dangereuses que si l'on néglige de les entretenir ou si on laisse complètement en jachère l'un de ses talents. Ingres l'avait compris, qui fit chanter son crayon sans abandonner le violon.

D'autre part, on l'a souvent remarqué, s'il est relativement facile de se conduire en héros sur un champ de bataille, il est beaucoup plus difficile de faire preuve de courage et d'honnêteté au retour de la guerre, au milieu des mille tentations rencontrées en temps de paix. Georges Bernanos le souli-gnait un jour avec une terrible lucidité : « Nous savons, depuis 1918, ce que c'est que la brusque

1. *Manuel de psychologie*, Éd. de l'École, 1952, p. 120.

démobilisation des consciences héroïques. Ça commence à Verdun et ça finit dans la liquidation des dommages de guerre. Tout le monde peut se faire tuer proprement. La difficulté, c'est de vivre la vie de tous les jours avec les mains propres[1]. »

Dans le même sens, René Bazin écrivait : « Nous n'avons que deux ou trois fois dans la vie l'occasion d'être brave, mais nous avons à chaque instant celle de ne pas être lâche. »

Tous ces ressorts, le chrétien les utilise, mais son courage s'enracine dans un certain nombre de convictions liées à sa foi.

2. *Les secrets du courage chrétien*

L'idéal du chrétien n'est pas de devenir un *héros* par ses propres forces, mais de devenir un *saint* en se laissant pénétrer par l'Esprit du Seigneur. Cette opposition devenue classique entre héroïsme et sainteté ne doit quand même pas nous faire oublier qu'avant de canoniser quelqu'un, l'Église examine de près, au cours d'un procès, s'il a vécu de façon héroïque les trois vertus théologales de foi, d'espérance et de charité, et les quatre vertus cardinales de force, de tempérance, de justice et de prudence (on les appelle cardinales du fait qu'on les considère comme les pivots – *cardo* en latin – des autres vertus). Si cette héroïcité est reconnue, l'Église proclame « vénérable » le « serviteur » ou la « servante » de Dieu : c'est la première étape vers son éventuelle béatification.

Mais, précisément, comment ne pas se décourager devant les exigences évangéliques auxquelles nous sommes tous appelés : « Soyez parfaits comme votre Père céleste est parfait », « Vous ne pouvez pas aimer Dieu et l'argent », « Pardonnez soixante-dix fois sept fois » ?

Quels sont les secrets qui permettent au chrétien de s'élancer avec humilité et hardiesse sur le chemin de la sainteté ?

1. *Combat pour la liberté*, Plon, 1971, lettre n° 730, p. 550.

• *« Il m'a trop aimé » (Ép 2, 4)*

C'est souvent en se laissant bouleverser par l'image de Jésus en croix que les saints ont décidé de vivre pleinement l'Évangile : « Le Christ a fait pour nous des folies, il est logique que nous en fassions pour Lui. »

« Il m'a trop aimée », aimait redire la bienheureuse Élisabeth de la Trinité[1], en utilisant la traduction qu'elle avait sous les yeux d'un verset de l'épître aux Éphésiens.

Profondément remuée par la contemplation d'une statuette représentant le Christ flagellé, Thérèse d'Avila renonça aux parloirs mondains auxquels elle se rendait si volontiers dans son couvent de l'Incarnation, et entreprit la réforme du Carmel.

Ainsi s'explique le désir de mourir martyr surgi dans le cœur des grands amoureux du Christ. N'y voyons pas du masochisme, mais la manifestation d'un amour qui veut aller jusqu'au bout de lui-même.

C'est afin de « rendre à Jésus amour pour amour » que sainte Thérèse de l'Enfant-Jésus désirait tant le martyre : « Le martyre, voilà le rêve de ma jeunesse. Ce rêve, il a grandi avec moi sous les cloîtres du Carmel. Mais là encore, je sens que mon rêve est une folie, car je ne saurais me borner à désirer un genre de martyre. Pour me satisfaire, il me les faudrait tous[2]. »

Cet amour préférentiel pour le Christ n'empêche pas ses disciples d'aimer leurs frères de tout leur cœur. Si, à Auschwitz, le père Maximilien Kolbe s'est proposé de mourir dans le bunker de la faim à la place d'un père de famille, c'est parce que depuis longtemps il avait livré son cœur à l'amour.

• *L'exemple des saints*

Les chrétiens aiment méditer la vie de leurs glorieux aînés : c'est l'une des sources de leur dynamisme.

Pour que ses lecteurs « ne défaillent pas par lassitude » (He 12, 3), l'auteur de l'épître aux Hébreux consacre tout

1. Lettre du 12 juin 1906, dans *Œuvres complètes*, Éd. du Cerf, 1991, p. 693.
2. B 3 r°.

un chapitre à rappeler la foi admirable dont ont fait preuve les hommes de l'Ancienne Alliance, depuis Abraham jusqu'aux frères Macchabées. Il les invite ensuite à fixer les yeux sur « Jésus qui, au lieu de la joie qui Lui était proposée, endura une croix, dont Il méprisa l'infamie, et qui est assis désormais à la droite du trône de Dieu » (12, 2). Et il conclut : « Vous n'avez pas encore résisté jusqu'au sang dans votre lutte contre le péché » (12, 4).

Au cours des siècles, il est arrivé bien souvent que des cœurs aient été retournés par la lecture de la vie d'un saint. Blessé à la jambe au cours du siège de Pampelune, le jeune cavalier Ignace de Loyola demande à son chirurgien de le réopérer : il faut absolument qu'il récupère le plein usage de ses jambes afin de pouvoir à nouveau danser ! Pour se distraire de sa convalescence, il ouvre la *Légende dorée* qui raconte avec force détails le récit des prouesses accomplies par un saint François d'Assise ou un saint Dominique, et le désir de les imiter s'empare peu à peu du cœur de l'officier.

Trois siècles plus tôt, un jeune Portugais écoute avec admiration le récit de cinq frères franciscains qui viennent de mourir martyrs à Marrakech. Il décide de rentrer chez les Frères mineurs afin de partir lui aussi pour le Maroc, y prêcher l'Évangile et y subir le martyre. Son destin est tout autre. Il devient un admirable prédicateur et termine ses jours à Padoue : c'est le célèbre saint Antoine.

Toute vocation ne prend-elle pas naissance dans le désir de ressembler à une personne qu'on se met brusquement à admirer ? « Moi aussi, je dirigerai un concert », pense le futur chef d'orchestre. « Moi aussi, je ferai des tableaux », imagine le futur peintre qui visite pour la première fois un musée. C'est également au contact d'autres saints, actuels ou anciens, que retentit souvent dans un cœur le premier appel à la sainteté :

« Moi aussi, je serai sainte », pensa la petite Thérèse, quand elle se mit à lire l'histoire de Jeanne d'Arc. « Il me semblait sentir en moi la même ardeur [...]. Je pensai que j'étais née pour la gloire[1]. » Dieu mit alors dans son cœur le désir de

1. A 32 r°.

devenir elle aussi « une grande sainte », mais dont la gloire ne paraîtrait pas aux yeux du monde.

Thérèse ne pouvait évidemment pas imaginer qu'après sa mort, bien des cœurs seraient à leur tour bouleversés par le récit de sa vie.

• *Les amitiés spirituelles*

Autre facteur de dynamisme : le fait d'être entouré de personnes partageant le même idéal de sainteté. Certes, le Christ est le seul ami qui soit toujours là. Il est le berger fidèle qui nous accompagne sur tous les chemins de l'existence, même quand ceux-ci deviennent « ravins de ténèbres » (Ps 23, 4). Mais la présence et l'exemple d'un ami sont un merveilleux stimulant sur notre route.

Les amitiés spirituelles ont d'ailleurs joué un grand rôle dans l'histoire des saints. Il suffit de penser aux liens très forts et très purs qui unirent l'un à l'autre Claire et François d'Assise, Thérèse d'Avila et Jean de la Croix, Jeanne de Chantal et François de Sales, Thérèse de Lisieux et l'abbé Bellière, Charles de Foucauld et sa cousine Marie de Bondy.

Ce qui est également merveilleux, c'est la complicité qui peut se produire entre deux époux et qui, tout en les aidant énormément dans leur vie chrétienne, donne à leur amour une profondeur inouïe. Raoul Follereau n'aurait jamais entrepris son action en faveur des lépreux sans l'affection et la présence de Madeleine, l'épouse exceptionnelle qu'il avait rencontrée à l'âge de quinze ans. Plus récemment, le monde a découvert tout ce que le roi Baudouin de Belgique avait puisé dans l'amour qui l'unissait à la reine Fabiola et ce qu'ils devaient l'un et l'autre à l'amitié de Veronica O'Brien.

C'est toujours avec d'autres, en Église, que les chrétiens avancent. La communauté *console* au sens fort du mot : elle permet de ne pas être « esseulé ». La générosité de nos frères nous entraîne. En voyant des adultes prendre en charge des jeunes qui se préparent à leur confirmation, en voyant des personnes de tout âge et de toute condition consacrer une semaine de vacances à partir en pèlerinage ou à faire une retraite, en voyant des amis jeûner ou passer toute une nuit en prière, on a envie d'en faire autant...

• *La communion des saints*

Si le fait de pouvoir échanger avec d'autres joue un grand rôle dans le dynamisme d'un chrétien, sa foi dans le mystère de la communion des saints relance périodiquement son courage. Il sait que la moindre de ses actions exerce un retentissement sur toute l'Église et finalement sur le monde entier.

Combien de chrétiens abattus par l'épreuve ont puisé dans cette certitude le courage de continuer leur combat contre le désespoir : ils étaient sûrs d'aider ainsi d'autres frères à remporter la même victoire.

C'est cette foi qui anime les chrétiens engagés dans le mouvement « Mère de miséricorde ». Quand on leur apprend qu'une femme en difficulté a l'intention d'avorter, ils se mettent à prier et à jeûner pour que son enfant vive. Combien d'enfants doivent la vie à ces chaînes de prière et de jeûne !

Et les chrétiens n'oublient pas qu'ils sont eux-mêmes entraînés vers le Seigneur par tous les saints du ciel et de la terre !

• *« Jésus me porte »*

Tel est l'ultime secret qui permet depuis des siècles à des milliers de chrétiens de supporter leurs épreuves. Ils savent qu'ils ne sont pas seuls à les porter. Ils croient que « la puissance du Christ se déploie dans leur faiblesse » (2 Co 12, 9). Loin de se décourager au vu de leur manque d'entrain, ils sont finalement heureux d'en faire l'expérience pour qu'habite en eux « le dynamisme du Christ ». Aussi aiment-ils conclure avec l'apôtre : « Lorsque je suis faible, c'est alors que je suis fort » (2 Co 12, 10).

Les saints ont tous exprimé à leur manière cette vérité fondamentale de la vie chrétienne. Saint François de Sales aimait dire que le Bon Pasteur accompagne sur le chemin les brebis solides, mais qu'Il porte les agneaux sur son cœur. C'est ce que chantait déjà le prophète :

Comme un berger, Il fait paître son troupeau :
son bras le rassemble.
Il porte ses agneaux sur son cœur,
Il mène au repos les brebis.

Is 40, 11.

Cette vérité constitue le cœur de la « petite voie » que Thérèse de Lisieux se sentait appelée à enseigner au monde. Plus nous reconnaissons notre faiblesse, pensait-elle, plus le Seigneur est heureux de nous porter et de nous élever jusqu'aux plus hauts sommets de la sainteté. L'ascenseur qui doit nous emmener jusqu'au ciel, ce sont les bras de Jésus ! Aussi affirmait-elle sincèrement, un an avant sa mort, que, s'il se trouvait une âme « plus faible, plus petite » que la sienne, « Dieu la comblerait de faveurs plus grandes encore, si elle s'abandonnait avec une entière confiance à sa Miséricorde infinie[1] ».

Pour plaire à Dieu, en effet, point n'est besoin d'avoir une âme de héros. Thérèse l'avait déjà compris à seize ans, au moment de la maladie mentale de son père, interné dans un « asile de fous », au Bon-Sauveur de Caen. Souffrir « avec courage », explique-t-elle alors à sa sœur Céline, ce ne serait pas ressembler à Jésus. À Gethsémani, Il a souffert « avec tristesse ». Il a même demandé à son Père que le calice de souffrances qu'Il devait boire s'éloignât de Lui. Alors, conclut-elle, acceptons de souffrir « sans courage » !

Hélas ! le lecteur pressé risque de commettre un énorme contresens en lisant certains textes de la carmélite de Lisieux, notamment les pages enflammées de son deuxième manuscrit où elle exprime des désirs « qui touchent à l'infini ». Elle voudrait être missionnaire, l'avoir été depuis des siècles, planter partout la croix du Christ, mais elle voudrait surtout subir tous les genres possibles de martyre afin de prouver à Jésus son amour.

On comprend la réaction de sa marraine au reçu de cette lettre. « Voulez-vous que je vous dise, écrit-elle à sa filleule, vous êtes possédée par le Bon Dieu comme les méchants le

1. B 5 v°.

sont du Vilain. » La marraine est découragée. Elle a l'impression qu'elle ne pourra jamais atteindre la sainteté à laquelle sa filleule est arrivée.

Heureux contresens de sœur Marie du Sacré-Cœur qui nous a valu l'admirable lettre du 17 septembre 1896 dans laquelle Thérèse met les choses au point[1].

Non, son désir ardent d'être martyre n'est pas ce qui plaît à Dieu dans son âme ; ce qui Lui plaît, c'est de la voir aimer sa petitesse, c'est la conscience très vive qu'elle a de sa faiblesse, car c'est sur ce matériau très pauvre que Jésus aime travailler.

Quand nous sommes accablés par le souvenir de tous nos retards et de tous nos dérapages, par la conscience de n'avoir pas la « trempe » d'un saint, la lecture de cette lettre de Thérèse doit relancer notre espérance et notre courage. Pour remplir son ciel, Dieu ne sélectionne pas des athlètes qui posséderaient au départ une forte dose de courage. Il préfère choisir « ce qu'il y a de faible dans le monde pour confondre ce qui est fort » (1 Co 1, 27).

La certitude d'être porté par le Seigneur ne doit évidemment pas émousser chez le chrétien la volonté de faire tout son possible pour accomplir jour après jour les efforts nécessaires.

La réussite d'une vie – pour un chrétien, il s'agit de devenir un saint – est notre œuvre, tout en étant l'œuvre de Dieu. Comme la terre d'Israël l'avait été pour les Hébreux, elle est à la fois Terre conquise et Terre promise, le fruit qu'on récolte à la suite d'un combat difficile et un don du Ciel. Tour à bâtir pierre après pierre et plante qui pousse toute seule, même la nuit, quand on dort.

Pour réaliser son œuvre en nous, Dieu aura toujours besoin de notre bonne volonté !

Les trois ducats de bonne volonté

Le jour où le roi René conduisit à Saint-Amadour la belle Aude de Toulouse qu'il venait d'épouser dans Arles, les consuls voulurent lui offrir la régalade d'un pendu. Mais

1. LT 197.

quand la reine vit le condamné les mains liées derrière le dos, la tête engagée dans la corde, elle poussa un cri et cacha sa tête dans ses mains. « Prends pitié, Seigneur... »

« Messieurs les consuls, dit le roi René à haute voix, Madame la Reine vous demande en souhait de bienvenue de lui accorder la grâce de cet homme. » Les consuls répondirent : « Cet homme a fabriqué de la fausse monnaie, la loi veut qu'il soit pendu. » Un conseiller du roi intervint et dit que suivant la coutume de Saint-Amadour, un condamné pouvait racheter sa vie pour la somme de 1 000 ducats. « Il est vrai, répondirent les consuls, mais où voulez-vous que ce gueux les prenne, ces 1 000 ducats ? »

Le roi fouilla dans son escarcelle, il en sortit 800 ducats. La reine chercha dans son aumônière, elle était pauvre : elle n'y trouva que 50 ducats.

« N'est-ce pas assez, Messieurs, supplia-t-elle, pour sauver la vie de cet homme que 850 ducats ?

– La loi exige 1 000 ducats », répondirent les consuls.

Tous les seigneurs de la suite vidèrent leurs poches dans les mains des magistrats.

« 997 ducats ! annoncèrent les consuls. Il manque encore 3 ducats.

– Pour 3 ducats cet homme sera-t-il pendu ? s'écria la reine.

– Cet homme sera pendu, répondirent les consuls, et ils firent signe au bourreau.

– Arrêtez ! s'écria la reine. Qu'on fouille ce malheureux. Il a peut-être sur lui trois ducats. »

Le bourreau fouilla la culotte du pendu, il en retira trois ducats. Les consuls saluèrent la reine :

« Madame, cet homme est libre. »

Chrétiens, l'homme qu'en ce conte vous avez vu en péril d'être pendu, c'est vous, c'est moi, c'est l'humanité. Au jour du jugement rien ne nous sauvera, ni les 800 ducats de la miséricorde de Dieu, ni l'intercession de la Vierge, ni les mérites des saints, si nous n'avons sur nous trois ducats de bonne volonté.

BERNARD BRO
Jésus-Christ ou rien,
Conférences de Notre-Dame, 1977, Éd. du Cerf, pp. 328-329.

À chacun de voir la bonne volonté que le Seigneur attend de lui. Les uns penseront à ce minimum de sincérité nécessaire à la reconnaissance de leurs erreurs ; les autres demanderont la grâce d'accomplir la rupture décisive qui les libérera de leur chaîne ; d'autres songeront à la difficulté de persévérer, jour après jour, dans la fidélité à leurs premiers engagements.

De toute façon, c'est toujours Dieu qui nous glisse dans la poche les trois ducats de bonne volonté nécessaires à notre salut.

« Qu'as-tu, écrit Paul, que tu n'aies reçu ? » (1 Co 4, 7). C'est le mot qu'utilisait saint Augustin dans sa controverse avec les pélagiens pour montrer que, si le chrétien fait preuve de courage, il ne peut en rien s'en glorifier. Lorsque Dieu couronne les mérites des saints, « Il couronne ses propres dons ».

Jésus nous fait entrer dans son courage

La pédagogie de Création dont use le Seigneur avec ses disciples est bien autre chose qu'une méthode de formation. Elle est la voie qu'il a Lui-même suivie. Il fait mieux, infiniment, que d'apprendre à être courageux et même que de donner, en le créant en nous, du courage. Il entre dans notre peur et, là, il « soutient » le Père, ne « faisant point défaut au cœur de l'homme ». Le courage en nous, qui naît toujours de l'ombre, n'est pas extérieur, de quelque manière que ce soit, au courage de Jésus, Verbe incarné, allant jusqu'à la mort et la mort sur la croix. C'est son propre courage qui est notre courage. Et son propre courage n'est pas né de ses propres forces. On connaît la prière de Gethsémani. Le passage suivant de saint Jean, qui lui fait écho à la fin des entretiens après la Cène, a le mérite de placer les disciples, et nous avec, au cœur de la décision de l'heure. Les Douze – ils ne sont plus que onze – viennent, une fois de plus, d'estimer qu'ils ont tout compris. « Jésus leur répond : "Vous croyez à présent. Voici venir l'heure – elle est venue – où vous serez dispersés chacun de son côté et me laisserez seul". » Il faut peser ici ce mot « seul » ; il exprime, avec l'extraordinaire pudeur johannique, toute la masse des flots et des vagues de Dieu qui peuvent passer sur l'homme, réduit dès lors indiciblement à lui-même (*cf* Ps 42-43,8) : la solitude sans fond du jardin. Or Jésus poursuit : « Mais non, je ne suis pas seul, le Père est avec moi. » Dans le Père est toute sa force, comme toute notre force est en Lui. C'est ainsi qu'il conclut et nous avons, là exprimé, le secret du courage de la foi de siècle en siècle et bien en dehors des limites visibles de l'Église : « Je vous ai dit ces choses pour qu'en moi vous ayez la paix. Dans le monde vous aurez à souffrir. Mais gardez courage ! J'ai vaincu le monde » (Jn 16, 31-33).

DOMINIQUE BERTRAND
L'appel au courage,
revue *Christus*, octobre 1982, p. 437.

Les deux formes de courage

Il est classique de distinguer deux types de conduite que nous adoptons grâce à la vertu de force.

– Tantôt elle nous fait entreprendre avec audace des actions difficiles et dangereuses : loin de céder à la peur du danger, nous allons de l'avant. Cette première forme de courage permet au soldat de s'avancer hardiment sur le champ de bataille ; elle entraîne le martyr à témoigner de sa foi au péril de sa vie.

– Tantôt elle nous fait endurer avec patience les souffrances que nous valent nos options précédentes : au lieu de relâcher notre effort, notre lutte, nous « tenons ». Cette seconde forme de courage permet au martyr de ne pas renier sa foi, lorsqu'il est soumis à la torture.

Ne pas subir. La devise que le maréchal de Lattre de Tassigny avait donnée à l'armée placée sous son commandement – et qui prit le nom de « Rhin et Danube » le 21 avril 1945 – pourrait exprimer le dynamisme de l'attaquant, de celui qui ose se lancer dans une aventure périlleuse.

Tenir. La devise des poilus de la Grande Guerre, qui n'ont pas flanché sous l'avalanche des obus qui tombaient sur leurs tranchées, pourrait exprimer l'héroïsme de celui qui résiste à la tentation de tout lâcher, quand les difficultés s'amoncellent.

Opiniâtreté et obstination

L'opiniâtreté est une très bonne chose. Elle nous fait persévérer avec courage dans la ligne que nous nous sommes fixée, sans nous laisser abattre par les difficultés rencontrées.

L'obstination est au contraire un mal. Elle nous empêche de remettre en question notre orientation initiale lorsque, réalisant combien nous avons eu tort de l'adopter, nous poursuivons notre route, sans changer de cap.

Cet entêtement est en définitive l'une des formes que peut prendre notre orgueil : il nous est parfois très difficile de reconnaître notre condition humaine sujette à l'erreur.

Rappelons-nous le proverbe : *Errare humanum est, perseverare diabolicum* (Il est humain de se tromper, mais il est diabolique de persévérer dans son erreur).

LE COURAGE ME LÂCHE

Tout premier pas qui coûte
Fait commencer la route.

~

Menue monnaie que tes efforts
Mais aux yeux de Dieu quel trésor !

~

Tu as tout à gagner
À te dire fragile
Puisque Dieu pour t'aider
Près de toi se faufile.

~

Fais donc ce que tu peux
Et laisse finir Dieu.

~

Continue ta marche en forêt
En espérant une clairière.

~

Fais chanter ton courage
Pour qu'il ait gai visage !

Marie BAUDOUIN-CROIX

« Tu as bientôt fini de lire ton journal ?
– Tu as bientôt fini de pérorer ? »

Les autres m'agacent

1. Le traitement à chaud
    Un acte de foi
    Un acte de maîtrise
    Un acte d'abandon
    Un acte d'espérance
2. Le traitement à froid
    Savoir écouter
    Oser parler
    Continuer à espérer
    Me souvenir de mes propres incohérences
    Faire preuve d'un peu d'humour

CHAPITRE VII

Les autres m'agacent

« L'amour est patient [...]. L'amour supporte tout » (1 Co 13, 4-7). Ces deux affirmations encadrent la célèbre description paulinienne de la charité : pour l'apôtre comme pour le bon sens populaire, la patience est l'une des manifestations essentielles de tout amour authentique.

Mais qui dit patience ne dit pas insensibilité aux événements. Il importe en effet de ne pas confondre la véritable crise de colère, souvent accompagnée de paroles et de gestes excessifs, et le mouvement spontané de révolte qui surgit en nous dès que nous sommes les témoins – et parfois les victimes – de quelque nouvelle bêtise ou d'une injustice.

Ce premier mouvement d'irritation peut être très bénéfique. Si Henri Dunant n'avait pas été bouleversé par le spectacle du champ de bataille de Solférino, il n'aurait pas eu l'idée de fonder la Croix-Rouge. Si Raoul Follereau n'avait pas été révolté par ce qu'il avait vu dans certaines ladreries d'Afrique, la Journée internationale des lépreux n'aurait jamais vu le jour ! Bienheureuses « colères » qui suscitent de telles initiatives !

Comment des parents pourraient-ils rester insensibles devant la paresse ou les mensonges d'un enfant ? Il est d'excellentes fâcheries – celles qui se transforment en combat non violent contre le mal.

Ce qui est mauvais, c'est de nous laisser aller à des gestes et à des propos déraisonnables que nous sommes bien obligés de déplorer par la suite. Et nous savons combien ces

« éclats », pour passagers qu'ils soient, constituent souvent une sérieuse entrave à nos dialogues ultérieurs. Dialogues avec notre conjoint, avec nos enfants, avec nos proches.

Les chrétiens ne sont évidemment pas à l'abri de ces tentations, mais ils disposent d'armes particulièrement efficaces pour en venir à bout.

À condition de ne pas vouloir trop bien faire... tout de suite ! Lorsque les autres nous agacent, en effet, n'essayons pas de repérer aussitôt leurs bons côtés. Suivons plutôt les conseils que nous donnent les saints, nos maîtres en vie spirituelle. Très réalistes, ils nous exhortent à appliquer une tactique différente suivant que nous sommes en pleine crise émotive ou déjà un peu calmés.

Bref, pour soigner nos crises de colère, il faut distinguer la thérapeutique « à chaud » et la thérapeutique « à froid ».

1. Le traitement à chaud

Ne nous culpabilisons pas d'être parfois très énervés par ceux-là mêmes que nous aimons beaucoup. D'ailleurs, plus nous les aimons, plus nous sommes déçus et blessés par certains de leurs propos ou de leurs agissements.

Leurs manies innocentes nous font habituellement sourire et nous les regardons alors avec humour, même si leur répétition finit parfois par nous agacer. Mais leurs mesquineries ou certaines de leurs décisions ont le don de nous irriter, surtout lorsqu'elles nous semblent avoir été prises sans tenir compte de nos échanges antérieurs.

Il est alors inutile d'évoquer le charme ou les qualités de notre prochain. Nous sommes alors tellement « obsédés » par sa sottise ou son égoïsme que toute autre considération devient totalement inefficace.

Que faut-il faire dans ces moments-là ? Quatre choses.

• *Un acte de foi*

Nous devons descendre tout de suite au centre de nous-mêmes et y goûter la paix que Dieu ne cesse de nous proposer. Le profond remue-ménage de sensibilité par lequel nous sommes alors secoués doit être l'occasion de redire à Dieu le plus rapidement possible : «Je crois, Seigneur, que rien ne peut me séparer de ton Amour, pas même la terrible déception que l'autre est en train de me causer. J'en suis profondément attristé, mais aide-moi à goûter encore plus ta Tendresse sans mesure, cette Tendresse qui ne cesse de m'entourer et dont Tu veux toujours m'investir.»

Cet acte de foi ne supprime évidemment pas notre souffrance. La prière n'est pas un opium! Nous restons affectés par la conduite ou la réflexion de l'autre, mais nous ne voulons pas considérer la situation comme catastrophique. Si Dieu permet cette épreuve dans notre vie, nous n'en demeurons pas moins ses enfants bien-aimés. Il l'affirme dans la Bible et nous n'avons pas le droit d'en douter. Il nous faut plutôt nous réjouir d'avoir cette occasion privilégiée de Lui redire que nous y croyons envers et contre tout.

Il n'est pas toujours possible d'être gai

« On est excusable de n'être pas toujours gai, car on n'est pas maître de la gaieté pour l'avoir quand on veut ; mais on n'est pas excusable de n'être pas toujours bon [...], car cela est toujours au pouvoir de notre volonté. »

Saint François de Sales,
Traité de l'amour de Dieu, liv. 11, chap. 21,
Gallimard, La Pléiade, p. 945.

«Tout concourt au bien de ceux qui aiment Dieu», affirme l'Apôtre (Rm 8, 28). Les personnes énervantes font partie de ce *tout* qui concourt à notre bien, si nous savons mettre à profit le service qu'elles nous rendent sans le savoir.

Mais il est souvent plus facile de reconnaître la main de Dieu derrière une maladie ou un accident qui vient brusquement contrecarrer nos projets, que derrière les réflexions aigres-douces de nos proches. Pourtant, c'est encore la main du Seigneur qu'il faut discerner derrière les procédés indélicats dont nous sommes alors victimes. C'est sa Main qui les « permet », affirme toute la Tradition chrétienne (Voir chap. 3, p. 14).

Est-il besoin d'ajouter que cela ne supprime pas la responsabilité de ceux et de celles qui sont à l'origine de notre énervement, ni notre devoir de supprimer tout ce qui, chez nous, énerve les autres !

Cet acte de foi en l'amour de Dieu pour nous, nous le posons, les yeux fixés sur le Christ. Lui aussi a connu ce qu'il en coûte d'être déçu par les siens : il a été « étonné » d'être si mal reçu à Nazareth (Mc 6, 6) et l'Évangile affirme qu'à Gethsémani, Il a été triste à en mourir (Mt 26, 38). Nous ne devons donc pas nous étonner d'être profondément affectés par le comportement de ceux qui nous agacent. Mais au lieu d'être énervés par notre propre agacement, nous redisons au Seigneur que nous ne sommes que des enfants, incapables de Lui offrir autre chose que le sourire le plus profond de notre cœur comme l'expression de notre foi aimante.

On ne dira jamais assez qu'il ne nous est pas demandé de réagir à nos épreuves à la façon des héros stoïciens, devenus indifférents à tout ce qui leur arrive. Comme le Christ, le chrétien ne rougit pas d'être vraiment blessé par ses frères. D'autant, nous le verrons plus loin, qu'il espère pouvoir ainsi les sauver !

• *Un acte de maîtrise*

C'est aussi le moment de serrer les poings et de ne pas nous laisser aller à la colère. Encore faut-il, pour tenir cette résolution, la reprendre régulièrement en nous rappelant les bienfaits d'une telle maîtrise pour de meilleures relations fraternelles : *Si l'on casse un verre chez toi, garde le même sang-froid que tu as lorsqu'on en casse chez un autre*, dit le proverbe.

• *Un acte d'abandon*

Le chrétien n'en reste pas là. Conscient de sa faiblesse, il a la simplicité de se précipiter dans les bras de Jésus dès le premier instant de la tentation d'impatience. C'est de Lui et de Lui seul qu'il attend la dose de patience dont il a alors besoin.

Et n'allons pas nous mépriser si nous tombons souvent sur ce chemin difficile de la patience. Nous devons surtout avoir patience envers nous-mêmes, ne jamais nous décourager au vu de nos lenteurs et de nos chutes.

« Aime ton prochain comme toi-même », demande la Bible (Lv 19, 18). Impossible d'aimer notre prochain en vérité si nous n'apprenons pas d'abord à ne pas nous énerver contre nous-même.

Sans jamais nous résigner à nos médiocrités, il nous faut d'abord accepter avec réalisme et humilité notre condition de créatures pécheresses, sans cesse appelées à la conversion.

• *Un acte d'espérance*

Nous offrons enfin au Seigneur notre espoir de contribuer, par ce nouvel acte de patience, à l'avènement d'un couple plus aimant, d'une famille plus unie, d'un monde plus fraternel. Car Dieu ne laisse rien perdre des efforts que nous faisons pour être, là où nous sommes, des ouvriers de paix, des bâtisseurs d'amour.

Nos échecs en ce domaine ne doivent jamais nous décourager. Quand nous avons tout fait pour vivre en bonne intelligence avec les personnes de notre entourage et que nous souffrons de leur incompréhension ou de leurs moqueries, il nous faut offrir silencieusement au Seigneur le sourire que nous gardons alors tout au fond du cœur.

C'est le moment de vivre le mystère de la Rédemption. Ce mystère qu'entrevoyait le prophète Isaïe, lorsqu'il évoquait les souffrances à venir du Serviteur souffrant : « Le châtiment qui nous rend la paix est sur lui et dans ses blessures nous trouvons la guérison » (53, 5).

Oui, lorsque nous sommes blessés par nos frères, nous contribuons à la guérison du monde, puisque nous pouvons redire alors avec saint Paul : « J'achève en ma chair – et en ma sensibilité blessée – ce qui manque à la passion du Christ pour son Corps, qui est l'Église » (Col 1, 24).

Comme on le voit, l'attitude chrétienne en pareille circonstance est plus une question de foi qu'une affaire de générosité. Le difficile n'est pas tant de nous taire et de garder notre calme que de croire de toute notre âme que l'amour du Seigneur va jusque-là ; les procédés blessants de nos frères sont une nouvelle occasion qu'Il nous donne de sauver le monde avec son Fils.

« Il ne faut pas regarder d'où viennent les croix, disait le curé d'Ars, c'est toujours de Dieu. Que ce soit un père, une mère, un époux, un frère, le curé ou le vicaire, c'est toujours Dieu qui nous donne le moyen de lui prouver notre amour. »

Il va sans dire qu'il faut aussi, quand le calme est revenu, ne pas hésiter à provoquer avec l'autre une franche explication. Mais chacun sait que c'est chose pratiquement impossible quand on se trouve en pleine crise émotive. La discussion ne ferait alors qu'attiser le feu de la colère ! Et il faut parfois attendre bien longtemps avant de pouvoir entamer ce dialogue !

2. Le traitement à froid

Rappelons ici quelques principes qui doivent présider à ces dialogues. Dialogues qui ne doivent pas dégénérer en règlements de comptes, sous peine d'accroître encore davantage l'animosité de notre partenaire. C'est ce dialogue qu'essayent d'instaurer dans leur foyer les membres des Équipes Notre-Dame lorsqu'ils entament leur fameux « devoir de s'asseoir ». Sous le regard de Dieu ils cherchent à mieux se comprendre pour s'aimer davantage.

• *Savoir écouter*

Écouter l'autre m'expliquer ce qui le fait souffrir dans ma façon de faire. Et ne pas l'interrompre lorsqu'il s'exprime ! Je dois en effet essayer de ne pas considérer ses propos comme une mise en accusation, mais comme l'expression de son amour : s'il a été tant affecté par ma conduite ou mes reproches, c'est qu'il m'aime. Et c'est également par amour qu'il me confie sa peine : s'il prend la parole, c'est en définitive pour rétablir le dialogue avec moi.

• *Oser parler*

Si l'autre semble disposé à m'écouter, je ne dois pas hésiter à m'exprimer. Je n'arriverai sans doute pas à le convaincre immédiatement de ma bonne foi, quand je lui dirai par exemple que mon intention n'était nullement de le blesser, quand je lui ai adressé telle remarque. Mais il le reconnaîtra peut-être ultérieurement.

Je pourrai essayer de lui faire comprendre à mon tour que, si je parle, c'est par désir de mettre un terme à notre mésentente.

Je n'hésiterai pas enfin à lui demander pardon de l'avoir blessé, même si je ne l'ai pas fait exprès : j'aurais peut-être dû être plus délicat, veiller à ne pas employer une expression qui l'avait jadis peiné.

C'est ce que j'explique dans un éditorial adressé jadis aux foyers des Équipes Notre-Dame.

Nous avons acheté un canapé

Cher Louis, chère Hélène,

Vous me parlez longuement, dans votre dernier courrier, de la grande grâce que vous avez reçue cet été et dont j'ai été le témoin émerveillé. Il vous a été donné de vous réconcilier pour de vrai après des années d'incompréhension réciproque et de disputes incessantes. Vous aviez l'impression que vous ne pourriez plus jamais vous aimer comme au temps de vos fiançailles, que vous étiez condamnés à vivre le restant de vos jours dans une espèce de guerre froide perpétuelle, dans un état permanent de tension, qui engendrait, inévitablement, à intervalles de plus en plus rapprochés, des échanges de paroles aigres-douces, suivis de longues périodes de bouderies.

Puis-je vous rappeler ce qui vous a permis de sortir de cette impasse ? Ce rappel vous aidera à ne plus retomber à l'avenir dans les mêmes ornières.

Il y a eu d'abord la décision de passer cinq jours dans un Foyer de charité. Vous avez eu l'audace d'espérer qu'en vous tournant franchement l'un et l'autre vers le Seigneur, qu'en L'appelant au secours du fond de votre misère, vous recevriez la grâce d'apercevoir quelques éléments de solution. Je sais bien, Louis, que tu étais beaucoup moins motivé que ton épouse pour sacrifier une partie de tes congés à faire cette retraite. Il n'empêche que tu as eu la simplicité de te laisser entraîner par Hélène. Bravo ! Ce que femme veut... peut parfois correspondre à la volonté de Dieu sur nous !

Il y a eu ensuite la démarche que vous avez faite le troisième jour de la retraite : après moult hésitations, vous êtes allés voir le prédicateur et lui avez confié votre problème. Rappelle-toi, Louis, l'énergie avec laquelle tu as alors défendu ton point de vue. « Ma femme, m'expliquais-tu, ne comprend pas que je puisse m'investir autant dans mon travail professionnel : chaque fois que je rentre en retard sur l'horaire prévu, j'ai droit à une remarque désobligeante ou à une bouderie de sa part. » Et tu lui répondais, Hélène, qu'il n'avait jamais réussi à saisir la raison profonde de ton amertume : « Non, je ne suis pas jalouse de ton ardeur au travail ni de ta réussite professionnelle. Bien au contraire ! Mais j'ai de plus en plus l'impression que tu t'ennuies avec moi, que je ne représente plus grand-chose à tes yeux ! »

Que vous ai-je alors répondu ?

« Quand allez-vous cesser de jouer les juges de paix l'un vis-à-vis de l'autre ? Ne pourriez-vous pas réapprendre à vous exprimer votre amour sans y ajouter constamment la justification de votre dernier retard ou de votre dernière bouderie ? Au lieu de discuter sans cesse "face à face", ne pourriez-vous pas vous asseoir "l'un à côté de l'autre" sur un canapé comme vous le faisiez sans doute lors de vos premières rencontres, le bras de l'un posé sur l'épaule de l'autre ? » Et je te disais, Louis, avec une certaine fermeté : « Apprends à te taire. Apprends à ne plus argumenter avec ta femme, comme tu le fais dans ton boulot quand tu dois discuter "affaires" avec tes clients ou "salaires" avec ton personnel. Réapprends à passer du temps avec Hélène, comme tu aimais le faire, je suppose, durant tes fiançailles. Tu n'hésitais pas alors à parcourir des centaines de kilomètres pour la retrouver l'espace d'un week-end. »

Je vous disais encore : « Réapprenez petit à petit l'art de rester l'un près de l'autre *en silence* ! Vous ne bêtifiez pas lorsque vous vous interdisez de discuter afin de goûter la joie toute simple de vous tenir la main ou de vous embrasser. »

Vous me confiez d'ailleurs la dernière acquisition que vous venez de faire : un canapé pour votre salle de séjour. Je constate avec plaisir que vous avez reçu mon message à 100%. Beaucoup trop de couples oublient en effet leur devoir de redevenir régulièrement amoureux comme des fiancés. Ils « discutent » autour d'une table ou « s'étreignent » dans l'alcôve, mais ne prennent plus le temps de se dire longuement leur amour et de se le manifester par des gestes de tendresse. Tu sais pourtant, Louis, combien ta femme les apprécie et les considère comme un préalable quasi indispensable à toute relation sexuelle.

Vous découvrez aussi la joie de vous demander vraiment pardon quand il vous arrive de vous blesser l'un l'autre. Au lieu de dire : « Excuse-moi, chéri(e), j'étais fatigué(e) ; l'autre soir, je n'étais pas en forme ! », vous avez désormais la simplicité – l'humilité – de vous dire : « Pardonne-moi de t'avoir blessé(e) ! » Et vous connaissez ainsi l'immense joie de recevoir le pardon de l'autre ou de le lui donner. Une expérience qui vous bouleverse ! Vous devinez maintenant ce que doit être la joie de Dieu lorsqu'Il vous pardonne vos offenses et vous redécouvrez la joie de l'enfant qui va se faire pardonner sa dernière bêtise en se précipitant dans les bras de son père, tout en lui disant : « S'il te plaît, papa, punis-moi par un petit baiser ! »

Oh oui, cher Louis, chère Hélène, votre vie spirituelle est profondément transformée depuis cet été. Par suite de vos disputes continuelles, vous en étiez arrivés à vivre en quelque sorte votre foi comme des célibataires.

Vous continuiez à croire à l'amour de Dieu pour vous à cause de sa parole : « Tu as du prix à mes yeux, et Moi, je t'aime » (Is 43, 4). Et ce n'est pas moi qui vous le reprocherai. La foi consiste toujours à croire ce que Dieu nous dit, même quand cela ne paraît pas évident.

Mais depuis quelques mois vous réalisez enfin – mieux vaut tard que jamais – à quel point vous pouvez être l'un pour l'autre sacrement de la tendresse de Dieu. C'est à travers votre tendresse mutuelle que vous expérimentez combien le Seigneur est bon.

Telle est la volonté de Dieu sur vous, telle est votre vocation ! Vous ne vous aimerez jamais trop ! Dieu n'est pas jaloux du bonheur que vous éprouvez de nouveau l'un avec l'autre. Il vous demande seulement de prendre aussi le temps de recevoir cette joie comme un cadeau de sa main. Plus que jamais, qu'il y ait une bonne pincée d'action de grâce dans votre prière : « Merci, Seigneur, pour notre tendresse retrouvée. Merci de nous envelopper toi-même d'une tendresse sans mesure » (Ps 119, 156) !

Lettre des Équipes Notre-Dame, n° 95, janvier-février 1992.

• *Continuer à espérer*

« Rien n'est impossible à Dieu. » Même si la réconciliation ne se produit pas aussi rapidement que je le souhaiterais, même si mon conjoint ou mon frère conserve un défaut que j'estime « intolérable », j'espère qu'un jour viendra où il en sera débarrassé.

« La charité espère tout », remarque Paul. Elle sait que rien n'est impossible à Dieu. Dans son royaume, les loups et les chacals peuvent devenir des agneaux, les visages les plus durs devenir aussi rayonnants que celui du père de Foucauld à Tamanrasset. Dieu se plaira à récompenser plus tard nos actes de patience.

Seule cette espérance évangélique permet à une épouse abandonnée par son mari de lui pardonner. Elle ne saurait oublier le mal qu'il lui a fait et dont elle souffre encore, mais elle peut ouvrir son cœur à l'espérance qu'un jour – en ce monde ou en l'autre ! – se produira sa métamorphose complète... Cela s'appelle espérer « contre toute espérance ».

En somme, pour être patiente, la charité doit, suivant la recommandation de l'apôtre, non pas tout « excuser » – tel n'est pas le sens du verbe *stegein* (1 Co 13, 7) – mais tout

« couvrir ». Il ne s'agit pas de s'aveugler sur les défauts de ses proches, mais de les recouvrir de tout ce qu'il y a déjà de beau chez eux, et surtout de ne jamais oublier la Miséricorde toute-puissante du Seigneur qui ne cesse de les envelopper et peut en un instant les transfigurer.

• *Me souvenir de mes propres incohérences*

Moi aussi, je suis illogique ! J'énonce des principes que je ne respecte pas. Je condamne des comportements auxquels je me laisse aller moi-même. Bref, je suis bien obligé de reconnaître qu'il m'arrive plus d'une fois d'être incohérent.

À force d'expérimenter ma propre faiblesse et de goûter la patience de Dieu à mon égard, je finirai sans doute par accepter que les autres aient aussi leurs « petits côtés ». Ces défauts me feront toujours souffrir, mais je ne reprocherai plus autant à mon conjoint ou à mes proches de les avoir. Lorsque Jésus nous défend de « juger » (Mt 7, 1), Il ne nous demande pas de supprimer nos jugements de valeur et d'appeler « bon » ce qui est mal, mais de ne jamais condamner quelqu'un du haut de notre prétendue innocence.

À la question de savoir pourquoi si peu de chrétiens vivent vraiment d'amour pour leurs frères, André Sève répond : « J'ai peut-être une explication. Sur ma route, je n'ai pas tellement fréquenté de chrétiens inébranlablement persuadés que Dieu les aime avec tendresse. La plupart n'arrivent pas à vivre dans cette certitude. Alors, eux-mêmes, pour Dieu et pour leurs frères, n'ont guère de tendresse. Les deux choses se tiennent, je le vois bien : plus on se sent aimé par Dieu, plus on a envie d'être bon[1]. »

• *Faire preuve d'un peu d'humour*

Reconnaître enfin que nous avons souvent deux poids et deux mesures pour juger notre conduite et celle d'autrui.

---

1. *Avec Jésus, qu'est-ce que tu vis*, Centurion, 1978, pp. 111-112.

Quand lui n'achève pas son travail,
 je me dis, il est paresseux.
Quand moi, je n'achève pas mon travail,
 c'est que je suis trop occupé, trop surchargé.

Quand lui parle de quelqu'un,
 c'est de la médisance.
Quand je le fais,
 c'est de la critique constructive.

Quand lui tient à son point de vue,
 c'est un entêté.
Quand moi je tiens à mon point de vue,
 c'est de la fermeté.

Quand lui prend du temps pour faire quelque chose,
 il est lent.
Quand moi je prends du temps pour faire quelque chose,
 je suis soigneux.

Quand lui est aimable,
 il doit avoir une idée derrière la tête.
Quand moi je suis aimable,
 je suis vertueux.

Quand lui est rapide pour faire quelque chose,
 il bâcle.
Quand moi je suis rapide pour faire quelque chose,
 je suis habile.

Quand lui fait quelque chose sans qu'on le lui dise,
 il s'occupe de ce qui ne le regarde pas.
Quand moi je fais quelque chose sans qu'on me le dise,
 je prends des initiatives.

Quand lui défend ses droits,
 c'est un mauvais esprit.
Quand moi je défends mes droits,
 je montre du caractère.

Si nous sommes sincères, nous finirons par découvrir l'étrange ressemblance entre nos propres défauts et ceux qui nous agacent tant chez les autres, car les défauts se repoussent entre eux : le bavard contrarie le bavard, le colérique s'excite contre le colérique, le vaniteux énerve le vaniteux, etc. L'humble reconnaissance de ce fait engendre un humour très favorable à la qualité de nos relations avec autrui.

« Pour vivre ensemble, il faut une brassée d'amour et une pincée d'humour », disait le cardinal Etchegaray, à l'assemblée des évêques de Lourdes, en 1973.

Mais n'allons surtout pas nous culpabiliser de ne pas être capables de cet humour, lorsque nous sommes en pleine crise émotive. À ce moment-là, c'est le traitement à chaud – et lui seul – qu'il faut avoir la sagesse et l'humilité d'appliquer. C'est déjà une fameuse victoire si nous réussissons alors à chanter à Dieu, tout au fond de notre cœur, notre joie de croire à son amour.

Quand vous êtes harassés de fatigue, pensez toujours à l'exemple de la bouilloire. Elle a beau avoir le couvercle en ébullition, cela ne l'empêche pas de chanter.

Pas un visage, depuis l'origine du monde, n'est exactement semblable à un autre. Mais nous nous permettons, passagers abusifs, hommes d'un seul coup d'œil, de les cataloguer, de les étiqueter par analogie, vague ressemblance, sympathie ou ressentiment inconscient. Nous nous permettons de préjuger d'une âme unique et immortelle d'après la forme d'un nez ou le pli d'une bouche !

Encore un proverbe imbécile : « Il n'y a que la vérité qui blesse. » Comme si le mensonge, le jugement téméraire, comme si la calomnie ne nous blessaient pas cent fois plus cruellement que la médisance !

GILBERT CESBRON,
Journal sans date, pp. 148-149.

Dieu seul ne déçoit jamais

Nous vivons tous des expériences de déception très douloureuses dans nos Églises. Elles m'ont appris que croire en Dieu, c'est ne mettre sa confiance et son espérance qu'en lui. Quand on n'a pas placé sa foi là où elle doit l'être, il faut vivre la déception que cela implique. En revanche quand on ne croit plus qu'en Dieu c'est alors que l'on peut poser sur le monde et les hommes le regard que Dieu pose sur eux : un regard de miséricorde. On ne peut pas croire en l'Homme. Car il n'est pas bon. On le découvre tôt ou tard et les désillusions sont souvent cruelles. Tandis que Dieu ne déçoit pas. Et si l'on regarde le monde avec les yeux de Dieu, on n'attend pas qu'il s'améliore pour l'aimer. Ce regard de Dieu, c'est le Christ qui me l'a appris. Oui, c'est bien ma relation avec les autres qui a évolué au cours de toutes ces rencontres : je n'ai pas attendu d'eux qu'ils se convertissent, qu'ils soient meilleurs qu'ils ne sont mais je les ai aimés où ils étaient, comme ils étaient.

CHRISTIAN CHABANIS,
La Foi aujourd'hui, octobre 1985, p. 7.

Toi qui vois trébucher ton frère,
Es-tu sûr d'éviter l'ornière ?

~

Cherche dans tout regard blessé
Celui de Jésus crucifié ;

~

Invente des soleils
Pour sécher toute larme.

~

Pourquoi voir en ton prochain
Plus d'ivraie que de bon grain ?

~

Toute graine d'amour
Lèvera bien un jour.

~

Que devant toute haine
Ta langue ne dégaine
Qu'un rameau d'olivier.

Marie BAUDOUIN-CROIX

Quand pourrai-je m'offrir la voiture de mes rêves ?

La jalousie me rend malheureux

1. La jalousie provoquée par les charismes de mes frères
   La valeur impérissable de l'amour
   La destination communautaire des charismes
2. La jalousie provoquée par la ferveur de mes frères

Il est une bonne jalousie

CHAPITRE VIII

La jalousie me rend malheureux

Même si je suis bien dans ma peau, il m'arrive parfois d'être tout à coup habité par un sentiment de tristesse en m'apercevant qu'une personne réussit mieux que moi dans un domaine où je me croyais jusque-là assez bon. Bref, je suis envahi par une tentation terrible de jalousie. La performance d'autrui me fait rétrograder.

Pour guérir de cette tristesse, je peux me rappeler dans un premier temps que dans la vie il y aura toujours des premiers et des derniers et que serait bien sot celui qui voudrait toujours la première place. Il faut de tout pour faire un monde. « Si tous les musiciens désiraient être premier violon, il ne serait plus possible de constituer un orchestre », disait Robert Schumann (1810-1856).

Mais ce genre de réflexion ne suffit pas à guérir la tristesse du jaloux. Pour se réjouir pleinement de la beauté de la rose, la violette doit être sûre d'être elle-même très belle.

Or il existe précisément des vérités évangéliques qui permettent au chrétien de surmonter ses tentations de jalousie en l'assurant qu'il conserve toute sa valeur, quelle que soit l'excellence de ceux qui l'entourent et qui lui font de l'ombre.

Rappelons tout d'abord les deux formes que peuvent prendre dans notre cœur ces tentations de jalousie.

Tantôt ce sont les talents de nos frères que nous envions, tantôt ce sont leurs qualités plus profondes, la ferveur même de la charité qui les anime et qui met en évidence notre propre médiocrité.

Car, répétons-le, ce qui nous fait enrager, ce n'est pas tant l'excellence des autres – nous sommes rarement envieux à ce point ! – mais l'impression pénible de ne plus valoir grand-chose par rapport à eux. La plupart du temps le jaloux ne reproche pas à l'autre de réussir, mais s'attriste de ne pas réussir aussi bien que lui.

C'est dire que nous ne sortirons pas d'une tentation de jalousie par un simple renouveau de charité fraternelle, par un simple bravo lancé à l'adresse de ceux et de celles qui viennent d'accomplir un exploit.

Il s'agit de tuer dans l'œuf ce terrible sentiment d'infériorité qui empoisonne si souvent notre cœur lorsque nous rencontrons quelqu'un de meilleur que nous.

> Peut-être le succès d'autrui est l'une des choses les plus difficiles à contempler : cet éclat nous blesse la vue.
>
> A.-J. CRONIN,
> *Les Clés du royaume,* Éd. Albin-Michel, 1959 ;
> Le Livre de poche, p. 429.

La Bible nous présente plus d'une fois les ravages provoqués par la jalousie dans le cœur d'une créature.

Le diable ne supporte pas de voir les hommes heureux. « C'est par l'envie du diable que la mort est entrée dans le monde » (Sg 2, 24). Aussi leur suggère-t-il de se révolter contre Dieu, comme il l'a fait lui-même : il n'a pas accepté que Dieu puisse être meilleur que lui !

Caïn ne supporte pas de voir le sacrifice d'Abel plus agréable que le sien aux yeux de Dieu ; les frères de Joseph ne supportent pas de voir Jacob, leur père, manifester une préférence pour « le fils de sa vieillesse » (Gn 37, 3) ; aussi le vendent-ils comme esclave à des Ismaélites. Saül, le premier roi d'Israël, est profondément irrité d'entendre la foule chanter les exploits guerriers du jeune David, des exploits supérieurs aux siens. Quand il revenait du combat, en effet, les femmes dansaient en chantant : « Saül en a tué des milliers, mais David des myriades ! » (1 S 18, 7).

Plus tard, les apôtres se disputèrent souvent entre eux pour savoir quel était celui que Jésus préférait (Lc 9, 46 ; 22, 24). En revanche, Jean-Baptiste est tout heureux de voir Jésus avoir plus de succès que lui auprès des foules. Il s'efface complètement devant Celui dont il a préparé la venue.

Jésus Lui-même, tout en étant le Fils bien-aimé du Père, ne retint pas jalousement le rang qui L'égalait à Dieu (Ph 2, 6). Il accepte d'être considéré pendant trente ans comme un homme ordinaire, et même de mourir sur une croix comme un esclave !

1. La jalousie provoquée par les charismes de mes frères

Il y a une première série de biens que nous avons tendance à envier chez les autres : ce sont les talents, naturels ou surnaturels, que le Seigneur leur a donnés et que nous n'avons pas : la santé, la beauté, l'intelligence, l'aisance en société, la facilité d'élocution, les responsabilités, etc.

Nous admirons habituellement sans difficulté les personnes qui nous dépassent de mille coudées : les génies, les savants, les grands artistes, les champions sportifs, etc. Mais nous avons souvent beaucoup plus de mal à applaudir ceux et celles qui, après avoir été longtemps nos égaux ou même nos inférieurs, deviennent subitement ou peu à peu beaucoup plus « performants » que nous.

• *La valeur impérissable de l'amour*

Le premier principe évangélique à nous rappeler, c'est que la valeur essentielle d'un homme ne vient pas de la quantité de talents que Dieu lui a confiés, mais de la façon dont il les fait fructifier et, en définitive, de la qualité de son amour. Une qualité que Dieu seul connaît.

N'est-ce pas une façon de lire les Béatitudes ? La valeur d'une personne ne se mesure pas à l'importance de sa fortune, ni à l'éclat de son intelligence, ni même au rayonnement de ses œuvres apostoliques, mais uniquement à la valeur de sa confiance et de son amour.

Ce qui compte, ce qui doit faire l'objet de notre désir et de notre joie, ce n'est pas de posséder beaucoup de biens, mais d'avoir une âme de pauvre.

Ce qui compte, ce n'est pas de dominer le monde, mais d'être doux et humble de cœur.

Ce qui compte, ce n'est pas de ne jamais connaître la souffrance et les pleurs, mais de croire toute sa vie en l'amour de Dieu et de trouver en Lui sa consolation.

Ce qui compte, ce n'est pas de manger toujours à sa faim et de faire souvent bonne chère, mais d'avoir faim et soif de perfection.

Ce qui compte, ce n'est pas d'ignorer la misère, mais d'avoir le cœur ouvert à la misère d'autrui.

Ce qui compte, ce n'est pas de tout connaître et de tout voir, mais d'avoir le cœur pur afin de voir Dieu.

Ce qui compte, ce n'est pas de rester tranquille chez soi, mais de travailler à faire régner la paix chez soi et autour de soi.

Ce qui compte, ce n'est pas d'être bien vu des hommes, mais de proclamer sans peur le Nom de Jésus-Christ, même au risque de se faire moquer de soi, car alors la récompense est grande dans les cieux.

Dans un célèbre passage de sa première lettre aux Corinthiens, l'apôtre Paul a exprimé de façon percutante ce primat de la charité sans laquelle les dons charismatiques les plus extraordinaires ne sont rien. « J'aurais beau parler toutes les langues, écrit-il, celles des hommes et celles des anges, si je n'ai pas la charité, je ne suis plus que sonnerie de cuivre ou coup de cymbale » (1 Co 13, 1).

Il a donc tort, le chrétien qui se laisse aller à la tristesse en voyant l'un de ses frères faire preuve de plus de pertinence dans sa recherche théologique ou jouir d'un plus grand rayonnement dans sa vie apostolique ! Comme toute richesse, ces lumières ou ces succès sont même un danger, puisque celui qui les récolte risque de s'y complaire avec orgueil. La seule valeur sûre, la seule valeur absolue, la seule qui ne dévaluera jamais, c'est l'amour qui brûle notre cœur, l'amour que nous laissons l'Esprit-Saint faire germer et grandir en nous.

• *La destination communautaire des charismes*

Un autre principe évangélique doit nous aider à triompher de cette première forme de jalousie. Paul l'a mis également en valeur dans sa Première lettre aux Corinthiens. C'est pour l'utilité du corps tout entier que le Seigneur accorde des charismes à tel ou tel de ses membres.

Ce principe a toujours aidé les saints à ne pas se glorifier de leurs dons. Thérèse de Lisieux reconnaît par exemple que le fait d'avoir été choisie par sa prieure pour s'occuper des novices de sa communauté ne lui donne aucune valeur supplémentaire aux yeux de Dieu : «Je comprends, écrit-elle à mère Marie de Gonzague que ce n'est pas pour moi, mais pour les autres, qu'il me faut marcher par ce chemin [des honneurs] qui me paraît si périlleux. En effet, si je passais aux yeux de la communauté pour une religieuse remplie de défauts, il vous serait impossible, ma Mère, de vous faire aider par moi. Voilà pourquoi le bon Dieu a jeté un voile sur tous mes défauts intérieurs et extérieurs[1]. »

Thérèse répétait souvent cette vérité à Céline, sa sœur, lorsque celle-ci était tentée de la jalouser : «Je ne suis réellement que ce que le bon Dieu pense de moi, lui disait Thérèse. Quant à m'aimer mieux parce qu'Il me met en avant et permet que je sois son interprète auprès de quelques novices, je trouve que c'est plutôt le contraire. Il m'a fait leur petite servante. C'est pour vous que le bon Dieu a mis en moi des charmes de vertu extérieure, ce n'est pas pour moi[2]. »

Et Thérèse de multiplier les comparaisons pour faire comprendre sa pensée. « L'intérieur d'une pêche n'a-t-il pas plus

1. C 26 v.
2. CSG 161.

d'importance que la couleur tout extérieure de sa peau ? Alors pourquoi jalouser les autres pour leurs qualités extérieures[1] ? » « La toile sur laquelle l'artiste réalise son chef-d'œuvre n'a-t-elle pas plus d'importance que les pinceaux dont il se sert dans son travail ? Alors, pourquoi jalouser les instruments dont Dieu se sert pour réaliser son œuvre dans les âmes[2] ? »

Bref, lorsque nous sommes tentés de jalouser quelqu'un en raison de l'éclat de ses talents, nous devons immédiatement nous rappeler la valeur toute relative de ces dons et leur destination communautaire.

> Jeunes peintres, peintres incompris ou tardivement compris,
> pas de haine. La haine est un parasite qui dévore tout.
> On ne construit pas dans la haine, mais dans l'amour.
> L'émulation est nécessaire, mais la haine...
> L'amour au contraire soutient l'artiste.
> C'est une grande chose que l'amour,
> un bien tout à fait grand qui seul rend léger ce qui est pesant
> et endure d'une âme égale ce qui est inégal.
> Car il porte le poids sans qu'il soit un fardeau
> et rend doux et savoureux ce qui est amer...
> L'amour veut être en haut et n'être retenu par rien de bas.
>
> H. MATISSE,
> *Jazz*, George Braziller Inc., New York, 1983.

2. La jalousie provoquée par la ferveur de mes frères

Mais, précisément, pouvons-nous résister à la « sainte jalousie » que nous éprouvons lorsque nous devinons l'amour qui inspire la conduite de quelqu'un ? Nous sommes alors en face d'une véritable richesse, d'une valeur authentique. Comment ne pas envier un tel bien ?

1. LT 147.
2. C 20 r°.

Cette seconde manière de jalouser autrui existe assez souvent chez les chrétiens fervents. Ils ont tellement le désir d'être formidables qu'ils supportent mal de se voir « dépassés » par d'autres.

En voyant la lenteur de leurs progrès personnels, ils sont tentés de se décourager. Pire, ils cèdent parfois à la tentation de se rassurer en attribuant à l'amour-propre ou à l'hypocrisie la générosité de leurs proches. Nous connaissons tous de ces personnes qui ne peuvent faire l'éloge de quelqu'un sans le faire suivre aussitôt d'une critique malveillante : « Mon voisin est d'un dévouement à toute épreuve... mais il se met un peu trop en avant. » Neuf fois sur dix, c'est la jalousie qui inspire de tels propos.

« La jalousie, remarquait André Maurois, ne calme ses fureurs qu'en se vautrant dans la bassesse. »

> Si on vante un de vos amis et que l'on ne dise rien de vous, vous en êtes contristé. Si vous voyez quelqu'un qui se soit converti et qui fasse de rapides progrès dans la vertu, qui en peu de temps soit arrivé à un haut degré de perfection, cela vous fait de la peine de vous voir en arrière. Si on le loue, vous en éprouvez du chagrin et vous dites : « Oh ! mais il n'a pas toujours été comme ça... Il était bien comme les autres. Il a fait telle faute, et puis telle faute... » Tout cela est de l'orgueil.
>
> *Le Curé d'Ars. Jean-Marie Vianney, sa pensée, son cœur,* présentés par B. NODET, X. Mappus, 1959, p. 153.

Comment triompher de cette autre forme de jalousie, plus subtile mais tout aussi pernicieuse que la première ?

Il suffit de se rappeler le mystère de la communion des saints, c'est-à-dire la possibilité que nous avons de participer à la ferveur et aux mérites de nos frères en les offrant à Dieu avec joie.

Cette possibilité est une conséquence directe de l'unité que forment tous les membres du grand corps ecclésial auquel nous appartenons depuis notre baptême. L'unité est si grande, si profonde que la charité d'un membre appartient à tous les autres membres, et que ceux-ci ont donc le droit – et le devoir – de l'offrir à Dieu de tout leur cœur.

Tel est l'enseignement traditionnel de l'Église. Saint Augustin exhortait souvent ses fidèles à se réjouir de toutes les bonnes œuvres accomplies par d'autres chrétiens : « Partout où s'accomplit une œuvre bonne, disait-il, elle nous appartient à nous aussi, si nous savons nous en réjouir[1]. »

Les membres du corps du Christ sont tellement unis les uns aux autres que ce que l'un ne peut réaliser par lui-même, il l'accomplit en quelque sorte dans un autre. L'évêque d'Hippone explique par exemple à la veuve Proba et à toutes les veuves et vierges qui vivent avec elle : « Les jeûnes, les veilles et toutes les mortifications de la chair sont d'un puissant secours pour la prière. Que chacune de vous fasse ce qu'elle pourra. Ce que l'une ne peut pas faire, elle le fait dans l'autre qui le peut, si elle aime en cette autre ce que sa faiblesse ne lui permet pas d'accomplir[2]. » « Enlève l'envie, écrit encore saint Augustin, et ce que j'ai est à toi ; la jalousie sépare, la charité unit. Aie donc la charité et tu auras tout[3]. »

L'auteur du supplément de la *Somme théologique* de saint Thomas se demande si cet échange des mérites entre les différents membres du corps mystique n'est pas contraire à la justice divine, puisque « Dieu rend à chacun suivant ses œuvres ». Personne ne sera puni pour le mal commis par un autre, dit encore l'Écriture : « L'âme qui pèche, c'est elle qui mourra » (Éz 18, 20). Le bien ne devrait donc pas être davantage communicable. L'auteur répond à l'objection en rappelant l'étroite connexion qui unit les membres du corps mystique : « L'œuvre faite par celui avec lequel je suis un, est en quelque sorte mienne. Il n'est donc pas contraire à la justice de Dieu que quelqu'un bénéficie des bonnes œuvres de ceux qui lui sont unis par la charité[4]. »

1. Sermo CCCLVI. 10, PL 39, 1578.
2. Epist. CXXX, PL 33, 507.
3. In Joh. XXXII, PL 35, 1646.
4. Suppl. q. 71, a. 1, ad 2.

Comme la vie est transformée quand on a bien compris cela ! Au lieu de regarder d'un mauvais œil ce que les autres font de bien, au lieu d'en chercher les points faibles, on met au contraire sa joie à découvrir tout le bien qui s'accomplit autour de soi, on le considère comme un « bien de famille » et on l'offre à Dieu. C'est d'ailleurs ce que nous faisons à la messe. Nous n'offrons pas seulement au Père les mérites infinis de Jésus-Christ, mais, par Lui, avec Lui et en Lui, les mérites de tous les saints et de toutes les saintes du ciel et de la terre. Et quand nous les prenons ainsi dans nos mains pour les Lui offrir, ces mérites deviennent vraiment nôtres.

Cette possibilité de participer aux mérites d'autrui ne doit pas nous faire tomber dans le quiétisme. Nous devons faire tout ce qui est en notre pouvoir pour aimer le Seigneur et Le faire aimer. Mais, lorsque nous avons l'impression débilitante de ne pas faire grand-chose par rapport à ce que font les autres et que nous sommes tentés de les envier, offrons au Seigneur toutes leurs bonnes œuvres : nous participerons du même coup à leurs mérites.

Conscients de leur faiblesse et de la pauvreté de leur amour, les saints ont toujours aimé se présenter à Dieu en Lui offrant la richesse de leurs frères.

Thérèse de Lisieux le faisait souvent. « Je sens alors, écrit-elle, que la ferveur de mes sœurs supplée à la mienne[1]. » Quand elle communiait, elle offrait à Jésus l'amour et les mérites de la Sainte Vierge, des anges et des saints[2].

Dans les derniers mois de sa vie, elle exprime souvent son espérance de participer aux mérites de ses sœurs et de ses frères spirituels. Elle écrit par exemple à l'abbé Bellière sa confiance de participer par lui à la palme du martyre : « Puisque le Seigneur semble ne vouloir m'accorder que le martyre de l'amour, j'espère qu'Il me permettra par vous de cueillir l'autre palme que nous ambitionnons[3]. » Elle disait à mère Agnès : « Comme une mère est fière de ses enfants,

1. C 25 v°.
2. A 9 v° - 80 r°.
3. LT 224.

ainsi le serons-nous les uns des autres sans la moindre jalousie [...]. Avec les vierges nous serons comme les vierges ; avec les docteurs comme les docteurs ; avec les martyrs comme les martyrs, parce que tous les saints sont nos parents[1]. »

Thérèse avait trouvé dans les écrits d'un grand mystique rhénan du XIVe siècle la confirmation de sa pensée à ce sujet. Citant de mémoire le passage d'un sermon de Jean Tauler, elle disait à Céline : « Si j'aime le bien qui est en mon prochain plus qu'il ne l'aime lui-même, ce bien est à moi plus qu'à lui. Si j'aime en saint Paul toutes les faveurs que Dieu lui a accordées, tout cela m'appartient au même titre qu'à lui. Par cette communion je puis être riche de tout le bien qui est au ciel et sur la terre, dans les anges, les saints et en tous ceux qui aiment Dieu[2]. »

Reprenant l'enseignement explicite de saint Augustin sur le mystère de la communion des saints, Jean Tauler écrivait en effet : « Celui qui est animé de cette charité (surabondante) profite bien plus de tes bonnes œuvres extérieures que toi-même, si tu ne sens pas en toi cet amour surabondant. Ainsi, tous ces psaumes, ces vigiles, ces messes, ces chants, ces oblations qui se font pour Dieu, portent bien plus de profit à ces âmes privilégiées qu'à ceux-là mêmes qui font toutes ces choses, mais dont l'amour est moins pur. [...] Chacun garde pour soi le mal qu'il fait ; mais ce que chacun a de bien appartient à la charité, qui le prend partout où elle le trouve. [...] Aussi n'est-il rien dont le démon soit autant jaloux que de cette charité divine, et il fait tout pour la détruire en nous. Pour cela il cherche à nous insinuer une complaisance coupable en notre justice, et un certain mépris pour notre prochain, pour ses œuvres, ses manières et ses habitudes[3]. »

Tout en étant l'antidote souverain contre la jalousie, l'assurance de participer aux mérites de nos frères nous aide d'ailleurs à percevoir la valeur de leurs actes. On est heureux

1. CJ 11.7.4 ; 13.7.12.
2. CSG 62.
3. Sermons traduits par Charles de Sainte-Foi, Paris, 1885, t. 2, pp. 209-210.

de les repérer, puisqu'on peut dire à Dieu : « Qui suis-je, Seigneur, pour que je puisse T'offrir tout l'amour de mes frères ? Merci de me faire participer à leurs mérites. Et fais qu'à force de les admirer, je finisse par leur ressembler ! »

Nous avons pu vérifier une fois de plus combien il est nécessaire de s'aimer soi-même pour accepter paisiblement les succès d'autrui. Nous ne triomphons pas de nos tentations de jalousie en nous obligeant sans cesse à admirer les autres plus que nous-mêmes, mais en nous rappelant que leur réussite n'enlève rien à notre propre valeur ! C'est assez dire que pour apprécier les autres il faut ne pas se mépriser soi-même.

> Un enfant que personne n'aime cesse d'être un enfant ; il n'est qu'une petite grande personne sans défense. L'esprit d'enfance consiste d'abord à se savoir, de toute certitude, aimé. Nous savoir aimés de Dieu *quoi qu'il arrive*, devrait nous épargner le détestable esprit de concurrence, « moteur de tout progrès » sauf de l'essentiel : celui de l'âme ; devrait aussi nous préserver de cette bassesse, l'envie.
>
> GILBERT CESBRON,
> *Journal sans date*, p. 228.

Rappelons enfin qu'en partageant nos richesses et nos responsabilités, nous aidons nos frères à ne pas se laisser prendre eux-mêmes au piège de la jalousie. Témoin l'histoire d'un paysan zaïrois rapportée par le père Jacques Fédry : « Entreprenant et bon gestionnaire, un villageois avait réussi à monter un élevage de cochons. Les bêtes se multiplièrent et grossirent jusqu'au jour où elles pouvaient être vendues. Mais voici que, soudain, elles moururent toutes. Empoisonnées par le voisin. Le propriétaire réfléchit, puis prit la décision de repartir sur des bases nouvelles. Il alla trouver son voisin et lui proposa de s'associer à lui pour reprendre l'élevage[1]. »

1. Revue *Vie chrétienne*, mai 1996.

Accorde-moi, Seigneur, d'avoir autant d'enthousiasme pour le succès des autres que pour le mien, et de faire un tel effort pour me réformer moi-même que je n'aie pas le temps de critiquer les autres.

SŒUR EMMANUELLE,
revue *Prier*, n°62, juin 1984.

IL EST UNE BONNE JALOUSIE !

Quelle joie de savoir que Dieu nous aime à ce point : loin d'être indifférent à la réciprocité de notre amour, Il l'apprécie. Il s'en réjouit !

« Comme la fiancée fait la joie de son fiancé, tu seras la joie de ton Dieu » (Is 62, 5).

Le véritable amour conjugal est également un amour jaloux. L'épouse ne veut pas que son mari se donne à une autre femme qu'elle et réciproquement. Elle n'aimerait pas son mari si elle supportait le « ménage à trois ».

Cette saine jalousie de l'amour conjugal doit être évidemment distinguée de la jalousie morbide de l'époux ou de l'épouse qui soupçonne sans cesse son conjoint d'être en train de le tromper, ou qui lui reproche de trop aimer son métier ou son violon d'Ingres. Les époux doivent s'efforcer de tout mettre en œuvre pour éviter ces crises de jalousie qui empoisonnent trop souvent le bonheur des couples. Un époux confiait à son psychanalyste : « Je suis extrêmement jaloux, pas seulement d'un homme, mais de tout ce qui peut faire vivre ma femme sans moi. »

DENIS VASSE,
Inceste et jalousie, Éd. du Seuil, 1995, p. 34.

LA JALOUSIE ME REND MALHEUREUX

Pourquoi, toi, le tout petit doigt,
Jalouserais-tu le majeur ?
Vous avez tous deux votre emploi.

~

Tu es plus grand que les étoiles
Puisque tu seras éternel
Quand elles tomberont du ciel.

~

Pourquoi te mettre à jalouser
Les blanches pierres du clocher,
Quand alors tu es le moellon
Qui supporte tout sur son front ?

~

S'il t'arrivait d'être tenté
D'envier l'amour de tes voisins,
Pense aussitôt : leur sainteté,
Je peux l'offrir à pleines mains.

~

Pour toi, qui est le mieux ?
Ton nom sur une affiche
Ou dans le cœur de Dieu ?

Marie Baudouin-Croix

Suis-je suffisamment séduisante ?

Mon regard n'est pas toujours pur

1. Le regard de convoitise
   Un regard réducteur
   Criminel à la suite d'un regard
2. Le regard lumineux
   Tout est pur pour les purs
   Un regard qui privilégie le visage
3. Les armes du chrétien
   Le regard de Jésus
   La gloire du Ressuscité
   Les mains du Bon Pasteur
   Le manteau virginal de Marie
   La protection des Anges

Signification de la pudeur

Chapitre IX

Mon regard n'est pas toujours pur

Nous n'avons pas sur les pensées et les désirs de notre imagination un pouvoir dictatorial : il peut nous arriver d'avoir subitement envie d'avoir des gestes impurs avec une personne que nous croisons dans la rue ou avec laquelle nous conversons depuis un moment : tout à coup son charme nous séduit.

Ces mouvements spontanés de notre sensibilité ne sont pas des péchés, puisqu'ils ne sont pas volontaires, mais il dépend de nous de leur donner ou non le feu vert. Si nous les laissons envahir notre esprit, ces désirs impurs peupleront de plus en plus notre imagination. Une escalade dangereuse qui diminuera la délicatesse de nos rapports avec autrui et qui nous entraînera peut-être un jour à commettre des actes contraires à notre désir foncier de rester pur.

Pour le rester, il est nécessaire de reprendre souvent la résolution de ne jamais « passer à l'acte ». Si nous n'avons pas, en effet, un pouvoir absolu sur les désirs de notre imagination, nous sommes maîtres des gestes de notre corps. Le renouvellement fréquent de cette résolution – et sa remise entre les mains du Seigneur – contribue beaucoup à notre bonne santé spirituelle.

Quand un désir impur surgira dans notre esprit, nous nous dirons : « Ne perds pas ton temps à imaginer un geste auquel tu as décidé une fois pour toutes de ne jamais te laisser aller. »

Mais cette résolution ne suffit pas. Il faut apprendre aussi à domestiquer ses regards, car les muscles de nos yeux sont sous le contrôle direct de notre volonté. Il dépend de nous de regarder ou non tel ou tel film de télévision, telle ou telle revue. Nous sommes libres de nous attarder longuement sur la silhouette d'une affiche ou de détourner les yeux.

Jésus est souvent revenu dans son enseignement sur la clarté qu'Il veut voir briller dans le regard de ses disciples : « La lampe du corps, c'est l'œil. Si donc ton œil est sain, ton corps tout entier sera lumineux. Mais si ton œil est malade, ton corps tout entier sera ténébreux » (Mt 6, 22-23).

1. Le regard de convoitise

À cause des séquelles du péché originel qui nous affecte, nous avons parfois tendance à poser sur les personnes que nous rencontrons – ou sur leurs photographies – un regard de convoitise.

• *Un regard réducteur*

Notre regard devient impur lorsqu'il réduit quelqu'un à un objet que nous avons envie de toucher sans amour, pour la simple satisfaction de notre sensualité.

Qui que nous soyons, célibataires, fiancés, gens mariés, prêtres, religieux ou religieuses, nous sentons bien que ce regard viole en quelque sorte l'intimité d'autrui. Nous nous mettons alors à désirer un corps sur lequel nous n'avons aucun droit.

Jésus a dénoncé avec vigueur la malice de ces adultères perpétrés « à distance » : « Je vous le dis : quiconque regarde une femme pour la désirer a déjà commis l'adultère avec elle » (Mt 5, 28).

Il faut d'ailleurs reconnaître que la chasteté du regard est aujourd'hui rendue plus difficile du fait de la généralisation des scènes érotiques dans les films et des images « sexy » dans les spots et les affiches publicitaires.

Pour vendre un produit, certains publicistes se plaisent en effet à le faire présenter par un homme ou une femme « en petite tenue ». Souvent même, en pareil cas, le visage de la personne est systématiquement caché, afin que nos yeux soient comme obligés de ne regarder que les parties les plus charnues de son anatomie. L'attention du spectateur ainsi captée, on a toutes les chances de faire monter la vente du produit désormais associé dans l'esprit du consommateur à une image qui a flatté ses réflexes sexuels les plus élémentaires.

Il n'est évidemment pas question de considérer comme un péché le fait d'être « accroché » par la beauté des corps offerts à notre vue. C'est Dieu Lui-même qui a façonné les corps de l'homme et de la femme et leur a donné cet attrait qu'ils éprouvent l'un pour l'autre.

Mais Dieu demande aux hommes de ne pas désirer d'autre femme que leur épouse et demande pareillement aux femmes de ne pas désirer d'autre mari que le leur.

Il demande aussi aux époux de se regarder avec amour, car il peut arriver que le regard posé par un homme sur sa femme ne soit qu'un regard de convoitise : l'épouse se sent alors gênée, humiliée d'être réduite à l'état d'objet. Ce regard qui la déshabille sans amour lui fait plus ou moins l'effet d'un viol.

Reconnaissons-le avec sincérité. Toute représentation qui vise à susciter chez le lecteur ou le spectateur le désir de mettre la main sur l'autre en exerçant sur lui quelque contrainte a quelque chose d'« érotique » au mauvais sens du mot.

André Malraux l'avait noté avec justesse en préfaçant l'ouvrage de Choderlos de Laclos, *Les Liaisons dangereuses* : « Il y a érotisme dans un livre dès qu'aux amours physiques qu'il met en scène se joint l'idée d'une contrainte. »

• *Criminel à la suite d'un regard*

En se laissant aller à regarder trop longuement une femme, le roi David finit par commettre un crime. « Un jour qu'il se promenait sur la terrasse de son palais, il aperçut une femme qui se baignait. Cette femme était très belle [...]. Il fit prendre des informations sur elle. On lui dit qu'elle s'appelait Bethsabée et qu'Urie, son mari, était un officier hittite de son armée» (2 S 11, 2-3).

On a beau composer de magnifiques psaumes, on a beau avoir dansé de joie devant l'arche du Seigneur, on a beau s'être battu des dizaines de fois comme un brave, on est faible. Le roi n'a pas le courage de résister à la tentation. La violence de sa convoitise va même faire de lui un criminel. Après avoir fait venir Bethsabée chez lui, il apprend quelque temps après qu'elle est enceinte. Il fait aussitôt revenir Urie en permission afin qu'il ne puisse pas s'imaginer un seul instant que l'enfant n'est pas de lui. Hélas ! l'officier refuse avec obstination de descendre chez son épouse. « Comment pourrais-je m'accorder cette détente, alors que mes hommes sont en train de se battre ? » David ne voit plus qu'une solution : renvoyer Urie sur le champ de bataille, et lui assigner un poste en première ligne pour qu'il soit tué. Après un péché d'adultère, c'est un crime qu'il commet. Un crime qui n'aurait jamais existé si le roi s'était abstenu de regarder longuement Bethsabée en train de se baigner.

Combien de violences sexuelles se commettent dans le monde parce que des hommes et des femmes n'ont pas appris à maîtriser leur regard !

2. Le regard lumineux

À l'inverse du regard de convoitise, le regard que nous posons sur autrui peut être aussi clair qu'un rayon de soleil et ne troubler personne.

• *Tout est pur pour les purs*

Nous pouvons admirer une statue de nu dans un musée sans ressentir nul désir impur. Nous nous extasions devant l'élégance du geste que le sculpteur a réussi à fixer dans le marbre et nous communions à la tension de tous les muscles du discobole ou à la grâce d'une femme étendue sur son sofa.

La joie de la contemplation esthétique n'est d'ailleurs rendue possible que par la mise en veilleuse de nos désirs sensibles. Comment pourrait-on admirer une nature morte si l'on était obsédé par le désir de manger les fruits qu'elle représente ? Comment pourrait-on admirer un tableau de baigneuses si l'on ne pensait qu'à jouir de leurs corps dénudés ?

Dans le même ordre d'idées, un médecin ou une infirmière peut à longueur de journée examiner ou soigner des corps en posant sur eux un regard plein de respect. Ce qui les intéresse, c'est de porter un diagnostic ou de leur administrer des soins qui améliorent leur santé. C'est pourquoi, en pareil cas, leurs patients ne se sentent pas gênés de se trouver devant eux en tenue d'Adam ou d'Ève. La pudeur l'emporterait s'ils se sentaient subitement regardés avec une curiosité malsaine ou palpés par des mains sensuelles.

• *Un regard qui privilégie le visage*

Si nous voulons parvenir à la chasteté du regard, prenons l'habitude de privilégier toujours le visage de ceux et de celles que nous rencontrons. En croisant leur regard, nous nous sentons face à une personne qui réclame notre respect. C'est l'expérience qu'a si bien décrite Emmanuel Lévinas.

Tout visage humain se présente à moi comme la réalité la plus fragile qui soit – il suffirait d'un rien pour l'humilier et le faire pleurer –, mais en même temps comme une réalité infiniment respectable. Son regard m'interpelle et m'enjoint de ne pas le supprimer, de ne pas l'abîmer. Ce regard est une invocation. En le laissant se poser sur moi, je sens immédiatement la vérité du premier de tous les commandements : « Tu ne commettras pas de meurtre. »

Même si la personne ne nous regarde pas, levons les yeux sur son visage, nous serons moins tentés de ne prêter attention qu'aux parties de son anatomie sur lesquelles nous risquons de nous attarder avec un regard de convoitise.

À la différence de ce qui se passe chez les animaux, le rapport sexuel entre l'homme et la femme suppose le face-àface. « Je te ferai un vis-à-vis », dit Dieu à Adam. Ce verset de la Genèse nous donne une indication précieuse : point d'amour humain authentique sans une longue contemplation du visage de l'autre !

À l'inverse, remarque Olivier Clément, le péché en matière de sexualité, c'est « cette rencontre aveugle, cette *ignorance* de l'autre dans cet acte même que la Bible nomme *connaissance.* C'est peut-être le visage transformé en corps, alors que le corps devrait se transformer en visage[1]. »

À force de se poser avec amour sur autrui, notre regard devient en effet lumineux et cette lumière se propage sur tout notre visage. « Notre visage n'est plus que regard », dirait Macaire le Grand, un ermite d'Égypte : « Le corps d'un homme habité par l'Esprit de Dieu est comme enveloppé tout entier par son visage et son visage n'est plus que regard. »

Alors, continue Olivier Clément, l'homme, sans le chercher, trouve son vrai visage. « Non pas la face que nous avons tant peur de perdre et que nous façonnent une civilisation, un milieu, tant de soucis, tant de souffrances. Ni la beauté qui nous est parfois donnée quand nous sommes jeunes, comme une grâce et comme un appel. Matériau que tout cela. Le vrai visage monte du cœur, si le cœur s'embrase[2]. »

On se souvient qu'après avoir été sauvé du suicide dans sa jeunesse par le regard d'un enfant, l'auteur est devenu définitivement chrétien en se laissant fasciner par la transformation du visage de Charles de Foucauld tout au long de son existence. D'une tristesse indicible lors de son entrée à l'école de Saint-Cyr, celui-ci est devenu comme translucide à la fin de sa vie. « Ces photographies où la chair était remplacée par une braise ont été pour moi une introduction à l'icône, que j'allais découvrir bientôt[3]. »

---

1. Olivier CLÉMENT, *Corps de mort et de gloire*, Desclée De Brouwer, 1995, p. 74.
2. Olivier CLÉMENT, *Questions sur l'homme*, Stock, 1972, p. 64.
3. Olivier CLÉMENT, *L'Autre Soleil*, Stock, 1975, pp. 127-128.

3. Les armes du chrétien

Le chrétien possède des armes merveilleusement efficaces pour ne pas se laisser aller à poser sur les autres un regard impur : ce sont toutes les conséquences de sa foi au Christ ressuscité.

• *Le regard de Jésus*

Depuis des siècles, des milliers et des milliers de chrétiens sont restés purs en levant les yeux vers Jésus et en se laissant illuminer par son sourire. Un sourire infiniment plus merveilleux que celui qu'ils peuvent imaginer ou représenter dans leurs tableaux. Un regard plein de miséricorde qui leur pardonne tous leurs péchés – y compris leurs désirs et leurs gestes impurs – et qui les invite à poser sur leurs frères et sœurs un regard plein de tendresse et de respect.

À force de contempler la Sainte Face de Jésus, on a envie de Lui ressembler. La violence de la passion cède alors peu à peu la place à la douceur de la compassion.

• *La gloire du Ressuscité*

Affreusement défiguré durant sa passion, le corps du Christ est aujourd'hui splendide, infiniment plus beau que lorsqu'Il est apparu à ses apôtres dans la nuit de la Transfiguration.

Comme le dit saint Paul, le corps du Christ est devenu *pneumatikon* (1 Co 15, 44), c'est-à-dire un corps tout entier habité et vivifié par l'Esprit-Saint. Cela ne signifie pas que le Christ se soit métamorphosé en pur esprit. Bien au contraire ! Loin de s'être volatilisé, son corps a atteint sa stature définitive. Il est devenu lumineux, éternellement jeune, divinement beau : un corps de gloire !

En regardant l'icône de la Transfiguration, en se laissant fasciner par la beauté du Seigneur, les chrétiens perdent peu à peu l'envie de regarder des images qui salissent leurs yeux. Ils préfèrent s'en servir pour contempler l'image du Ressuscité.

En Le contemplant, ils se rappellent qu'Il est le parfait modèle de ce qu'ils deviendront eux-mêmes, lorsqu'Il paraîtra au Dernier Jour dans toute sa gloire et qu'ils seront à leur tour transfigurés à son image. Après avoir été défigurés par la maladie, la vieillesse et le péché, ils participeront pour toujours à sa gloire pascale.

À force de se tourner vers la beauté rayonnante du Ressuscité, le regard du chrétien se purifie et s'apaise :

> Qui regarde vers Lui resplendira
> Et sur son visage point de honte.
>
> Ps 34, 6.

• *Les mains du Bon Pasteur*

Le chrétien ne se contente pas de lever les yeux vers le Christ. Telle une brebis fragile, il se précipite dans ses mains pour y être guéri. Les saints et les saintes qu'on peut le moins soupçonner de mièvrerie ont aimé le faire.

Ressuscité d'entre les morts, le Christ a conservé des mains humaines. Ces mains avec lesquelles Il a guéri tant de malades tout au long de son ministère en Galilée et en Judée, ces mains qu'Il a laissé clouer à la croix sur le Calvaire, ces mains qu'Il a montrées à Thomas dans le cénacle et dans lesquelles l'apôtre a pu voir et toucher la trace de ses plaies, Il s'en sert aujourd'hui pour nous sauver.

Lorsque nous allons communier, nous tenons le corps du Christ dans nos mains. Mais en fait c'est Lui qui nous reprend en mains comme Il nous l'a promis :

> Celui qui mange ma chair et boit mon sang
> demeure en Moi et Moi en lui
>
> Jn 6, 56.

Demeurer en Lui, c'est demeurer en Celui qui est à jamais le Bon Pasteur, capable de porter toutes les brebis de son troupeau pour les soigner et les guérir de ses mains toutes-puissantes de Ressuscité.

Si les peintures d'icônes ont souvent représenté saint Jean la tête posée sur la poitrine de Jésus et entouré de ses bras, c'est que les chrétiens se sont volontiers identifiés à l'apôtre bien-aimé pour s'abandonner comme lui dans les bras de leur Maître et Seigneur.

Entre tes mains, Seigneur

Dans les mains qui ont rompu et vivifié le pain, qui ont béni et caressé les petits enfants, qui ont été percées, dans ces mains qui sont comme les nôtres, dont on ne saurait jamais dire ce qu'elles vont faire de l'objet qu'elles tiennent, si elles vont le briser ou le soigner, mais dont les caprices, nous en sommes sûrs, sont pleins de bonté, et n'iront jamais qu'à nous serrer plus jalousement – dans les mains douces et puissantes qui atteignent jusqu'à la moelle de l'âme, – qui forment et qui créent – dans ces mains par où passe un si grand amour, il fait bon abandonner son âme, surtout si on souffre ou si on a peur. Et il y a un grand bonheur et un grand mérite à faire cela.

PIERRE TEILHARD DE CHARDIN
Lettre du 23 novembre 1916,
dans *Hymne de l'Univers*, Éd. du Seuil, 1961, pp. 144-145.

• *Le manteau virginal de Marie*

Pour conserver ou retrouver la pureté du cœur et du regard, les chrétiens savent aussi qu'ils peuvent se réfugier sous le manteau virginal de Marie. Alors que sa sœur Céline se trouvait en pèlerinage à Lourdes, Thérèse de Lisieux lui écrivait le 10 mai 1890 : « Cache-toi bien à l'ombre de son manteau virginal, afin qu'il te virginise[1]. »

Il est vrai que Thérèse avait expérimenté dans l'année de ses seize ans, que Marie l'entourait vraiment de sa présence maternelle. En juillet 1889, alors qu'elle était en train de prier dans un ermitage du carmel, elle se sentit subitement enveloppée sous le voile de la Vierge Marie. « Il y avait comme un voile jeté pour moi sur toutes les choses de la terre. J'étais

1. LT 105.

entièrement cachée sous le voile de la Sainte Vierge », confiera-t-elle plus tard.

Dans ses poèmes, Thérèse chante souvent sa joie d'aller s'y réfugier :

Ô Vierge immaculée, c'est toi ma Douce Étoile
Qui me donnes Jésus et qui m'unis à Lui
Ô Mère, laisse-moi reposer sous ton voile
Rien que pour aujourd'hui.

Mon chant d'aujourd'hui[1].

Luther lui-même reconnaissait l'influence virginale exercée par la Vierge Marie sur ceux qui se tournent vers elle : « Aucune image de femme, disait-il, ne donne à l'homme des pensées aussi pures que cette vierge[2]. »

• *La protection des Anges*

N'oublions pas enfin la présence mystérieuse des anges que Dieu met à nos côtés pour nous aider à vaincre les puissances du mal qui veulent nous faire tomber dans le péché – notamment celui de l'impureté.

Est-il juste, se demande saint Thomas d'Aquin, que les hommes – des êtres faibles et ignorants – soient obligés de se battre contre les démons, puissants et rusés ? Oui, répond-il. À cause du secours que nous pouvons recevoir des anges. « Pour que la condition de la lutte ne soit pas inégale, l'homme reçoit en compensation principalement le secours de la grâce divine et en second lieu la garde des anges[3]. »

---

1. PN 5, 11.
2. Luther, *Sermon sur l'Évangile de Noël (1522)*, Éd. Weimar, 10, 1, p. 68.
3. *Somme théologique*, 1a, q. 114, a. 1, ad 2. Le théologien croyait beaucoup à l'influence exercée par les anges sur son esprit. Il en parle souvent dans ses écrits, les invoque dans les prières qu'il compose et se réjouit de vivre un jour dans leur compagnie. Pour récompenser le dévouement de son secrétaire, Réginald de Priverno, il compose tout un traité sur les anges. Il mérite bien son surnom de Docteur angélique.

Plus récemment, Jean XXIII, le pape de l'*aggiornamento*, manifestait souvent dans ses discours sa foi profonde à la présence agissante de son ange gardien. Commentant l'évangile de la Nativité, il déclarait le 26 décembre 1962 : « Il ne faut jamais négliger la dévotion spéciale envers l'ange gardien qui se tient à côté de chacun d'entre nous. On pourrait dire que Bethléem présente en quelque sorte une synthèse de lumière : notre Rédempteur et Seigneur, Marie, qui est sa Mère et la nôtre, saint Joseph et les anges. C'est là que s'alimente et que se fortifie notre vie surnaturelle. »

> Le désir qu'a notre ange gardien de nous aider est beaucoup plus grand que celui que nous avons d'être aidés par lui.
>
> DON BOSCO.

Ayons la simplicité de recourir souvent à cet appui céleste chanté dans l'hymne *Aeterne rector siderum*, en la fête de nos anges gardiens :

À Dieu le Père soit la gloire !
Qu'Il garde par ses anges
Ceux que le Fils a rachetés
Et que l'Esprit-Saint a sanctifiés !

Après avoir dénoncé avec vigueur le péché d'adultère que commet un homme en posant sur une femme un regard impur, Jésus ajoute : « Que si ton œil droit est pour toi une occasion de péché, arrache-le et jette-le loin de toi, car mieux vaut pour toi que périsse un seul de tes membres et que tout ton corps ne soit pas jeté dans la géhenne » (Mt 5, 29).

Jésus met vraiment la barre très haut ! Sachant combien l'impureté peut précipiter les hommes dans le mal, Il veut que ses disciples aient un regard clair, lumineux, heureux.

Oui, l'homme au regard pur est joyeux et sème le bonheur autour de lui. Les êtres qui l'entourent lui apparaissent d'autant plus beaux qu'ayant renoncé au bonheur égoïste de les chosifier, il est capable de les aimer pour eux-mêmes, en vérité. Et il lui arrive de contempler sur leur visage le reflet de la gloire de Dieu qui les habite et qui les illumine de l'intérieur : « Heureux les cœurs purs, car ils verront Dieu » (Mt 5, 8).

Le regard

Maintenant, je vais clore, Seigneur, mes paupières,
Car mes yeux ont ce soir achevé leur service.
Et mon regard, en mon âme, va rentrer
Après s'être promené une journée dans le jardin des hommes.

Merci, Seigneur, pour mes yeux, fenêtres ouvertes sur le grand large ;
Merci pour le regard qui transporte mon âme comme le rayon généreux conduit la lumière et la chaleur de ton soleil.
Je te prie dans la nuit, afin que, demain, lorsque j'ouvrirai mes yeux au matin clair,
Ils soient prêts à servir et mon âme et son Dieu.

Fais que mes yeux soient clairs, Seigneur,
Et que mon regard tout droit donne faim de pureté ;
Fais qu'il ne soit jamais un regard déçu,
désabusé,
désespéré.

Mais qu'il sache admirer,
s'extasier,
contempler.

Donne à mes yeux de savoir se fermer pour mieux Te retrouver ;
Mais que jamais ils ne se détournent du Monde parce qu'ils en ont peur.
Donne à mon regard d'être assez profond pour reconnaître
Ta Présence dans le Monde.

Et fais que jamais mes yeux ne se ferment sur la misère des hommes.

Que mon regard, Seigneur, soit net et ferme
Mais qu'il sache s'attendrir,
Et que mes yeux soient capables de pleurer.

Fais que mon regard ne salisse pas celui qu'il touche,
Qu'il ne trouble pas mais qu'il apaise.
Qu'il n'attriste pas mais qu'il communique la Joie.
Qu'il ne séduise pas pour retenir captif.
Mais qu'il invite et entraîne à se dépasser.

Fais qu'il gêne le pécheur parce qu'il y reconnaît Ta lumière,
Mais qu'il ne soit un reproche que pour encourager.
Fais que mon regard bouleverse, parce que c'est une rencontre, la Rencontre de Dieu.
Qu'il soit l'appel,
le coup de clairon
qui mobilise tout le Monde sur le pas de sa porte.
Non à cause de moi, Seigneur.
Mais parce que Tu vas passer.

Pour que mon regard soit tout cela, Seigneur,
Une fois de plus, ce soir,
Je Te donne mon âme ;
Je Te donne mon corps ;
Je Te donne mes yeux,
Afin qu'en regardant les hommes mes frères,
Ce soit Toi qui les regardes,
Et de chez moi leur fasses signe.

MICHEL QUOIST
Prières, Éd. Ouvrières, 1954, pp. 67-68.

SIGNIFICATION DE LA PUDEUR

La pudeur est – parmi d'autres – un signe éloquent de la misère et de la grandeur de la personne humaine.

La misère de celui qui regarde

La pudeur est cette espèce de honte que nous éprouvons lorsque le regard de l'autre ravale notre corps dénudé au rang d'objet de curiosité et de convoitise. Du coup, nous nous arrangeons pour ne pas nous montrer nus en public.

Si les regards posés sur nous étaient toujours des regards pleins de respect, ce sentiment de honte disparaîtrait.

Avant la chute originelle, Adam et Ève n'éprouvaient nulle honte à être nus l'un devant l'autre : ils se regardaient en effet avec délicatesse, la délicatesse d'un amour entièrement chaste.

Ainsi en est-il encore aujourd'hui pour nous, lorsque nous nous sentons regardés avec amour et respect : ce qui se produit normalement dans une chambre nuptiale ou le cabinet d'un médecin. On parle à bon droit de pudibonderie lorsqu'un homme ou une femme se sentent vraiment gênés de se montrer en petite tenue, quelle que soit la discrétion avec laquelle on les regarde.

La grandeur de celui qui est regardé

L'existence de la pudeur dans la sensibilité d'un être humain est par ailleurs le signe qu'il a conscience de sa dignité : il veut être regardé comme une personne et non comme un objet.

On comprend dès lors que la pudeur disparaît totalement ou presque totalement chez un être qui se résigne à être traité – et acheté – comme un objet. À plus forte raison n'existe-t-elle pas chez les animaux. N'ayant aucune conscience d'être « plus » que leur corps, ils ne sont nullement gênés d'être identifiés à lui par le regard de leurs congénères.

Il est évident que les manifestations de la pudeur diffèrent considérablement d'une ère culturelle à une autre. Rien de plus variable que la mode. Il ne manque pas de pays où les femmes n'éprouvent aucune honte à marcher dans les rues les seins découverts, mais le sari qu'elles portent cache soigneusement leurs jambes. En France, à la fin du siècle dernier, il était indécent pour une femme de montrer ses chevilles.

Toujours est-il qu'en cachant quelque peu les charmes de son corps, la femme « pudique » manifeste son désir de ne pas être appréciée uniquement pour eux. Elle réclame d'être aimée pour une réalité plus importante et plus intime : son « moi » le plus profond.

MON REGARD N'EST PAS TOUJOURS PUR

Vers toi Dieu baisse son regard
Pour t'aider à lever le tien.

~

Plus tu regardes Dieu,
Plus tu deviens icône.

~

Si ta tendresse vient de Dieu,
Cela se verra dans tes yeux ;
Combien de plaies se purifient
Sous le doux regard de Marie.

~

Adore Jésus glorifié
Mais ne va jamais oublier
Ses mains et ses pieds transpercés
Par les clous de tous nos péchés.

~

Saisis à bras-le-cœur
Le Corps de ton Sauveur.

Marie BAUDOUIN-CROIX

À force de verrouiller ton fric,
tu risques de verrouiller ton cœur !

L'argent me rend esclave

1. Le danger des richesses
   La richesse risque de me faire oublier Dieu
   La richesse risque de me faire oublier les pauvres
2. La gestion évangélique des biens
   Les biens de la terre sont destinés à tous les hommes
   La mise en valeur des richesses du monde réclame des responsables doués d'initiative et d'autorité
3. « Ce qui est impossible aux hommes est possible à Dieu. »
   Garder le contact avec de plus pauvres que soi
   S'informer de la misère du monde
   Contempler longuement Jésus
   Aller parfois dans un cimetière
   Rompre en famille le mur du silence
   Supplier le Seigneur de nous libérer de notre égoïsme

Donner ou militer ?

CHAPITRE X

L'argent me rend esclave

Ce n'est pas un aveu que les prêtres entendent souvent formuler par les personnes qui se confessent, mais c'est une réflexion que beaucoup de chrétiens se font un jour ou l'autre, lorsqu'ils ont l'audace de se laisser vraiment interpeller par les paroles très claires de Jésus : « Vous ne pouvez servir Dieu et l'argent » (Mt 6, 24 ; Lc 16, 13). « Combien difficilement ceux qui ont de l'argent pénètrent dans le Royaume des cieux. Il est plus facile en effet à un chameau d'entrer par un trou d'aiguille qu'à un riche d'entrer dans le Royaume de Dieu » (Lc 18, 24-25). « Malheur à vous, les riches, car vous avez votre consolation » (Lc 6, 24).

Nous devrions recevoir ces versets d'Écriture comme de véritables messages d'amour. Jésus, ne l'oublions pas, aimait passionnément les riches comme Il aimait les pauvres. Il n'a pas eu peur de le montrer puisque, au milieu de la foule, Il s'est fait inviter par l'un des publicains les plus riches de son temps, le petit Zachée, qui avait réussi à se faire nommer à un poste où il pouvait ratisser les grosses fortunes du pays. Jéricho était en effet une oasis de rêve où étaient implantées les résidences secondaires les plus cossues.

Nous savons par ailleurs que Jésus est allé souvent loger à Béthanie chez Lazare – le frère de Marthe et de Marie –, un notable de la région qui s'était fait construire une sépulture somptueuse. Jésus a même voulu qu'il y ait un publicain, Matthieu, dans le groupe des douze apôtres...

Oui, Jésus aime les riches. C'est par amour qu'Il les met en garde contre les dangers mortels qui les menacent.

Mais Il aime aussi les pauvres, tous ceux qui manquent cruellement du nécessaire par suite d'une mauvaise répartition des biens de la terre. Aussi dénonce-t-Il avec vigueur l'injustice qui empêche tant d'hommes, de femmes et d'enfants de vivre normalement.

Jésus sait aussi qu'en demandant aux riches de partager, Il leur propose un idéal difficile à mettre en pratique. Réaliste, Il va même jusqu'à dire que c'est chose extrêmement difficile. Mais, ajoute-t-il, « ce qui est impossible aux hommes est possible à Dieu » (Lc 18, 15).

Danger et inconvénient

La richesse n'est pas un *inconvénient*, mais un *danger*.

On n'échappe pas à un inconvénient, on peut échapper à un danger.

Si je prends l'autoroute, je profite de ses avantages (rapidité du voyage) et je subis ses inconvénients (péages, carburants plus chers, paysages souvent plus monotones). Mais je ne vais pas forcément céder à la frénésie de la vitesse : c'est un danger que je peux éviter.

Jésus ne dit jamais que la richesse est un inconvénient : elle peut effectivement nous permettre de faire beaucoup de bonnes choses... Mais Il en dénonce les dangers : elle peut nous empêcher de réussir notre vie !

1. Le danger des richesses

Il ne manque pas de formules qui expriment de façon lapidaire le cynisme avec lequel la plupart des hommes reconnaissent leur désir de s'enrichir par tous les moyens : *les affaires sont les affaires* ; *l'argent n'a pas d'odeur*, mot de l'empereur Vespasien à Titus à propos de l'impôt sur les urines vendues aux foulons pour la teinture des tissus (le mot nous a été rapporté par l'historien Suétone).

Mais la sagesse humaine de tous les temps a également repéré la valeur relative de la richesse et l'esclavage qui guette tous ceux qui en jouissent : *l'argent ne fait pas le bonheur ; plaie d'argent n'est pas mortelle ; l'argent est un bon serviteur et un mauvais maître.*

> « L'âge et la réflexion guérissent d'ordinaire les autres passions, au lieu que l'avarice semble se ranimer et reprendre de nouvelles forces dans la vieillesse. »
>
> MASSILLON

Jésus ne se contente pas de rappeler l'esclavage dans lequel les riches risquent de tomber. Il n'a rien du fabuliste qui se plaît à mettre en valeur la simplicité de vie du savetier face aux soucis incessants du financier. Tel un prophète, Il dénonce les dangers terribles auxquels est exposé le propriétaire de grands biens. Il se trouve en danger de mort.

> Vous croyez que, parce qu'on est riche, on a de l'argent comme ça à donner ?
> Votre simplicité m'étonne.
> Plus l'argent travaille, plus il est difficile de le déranger.
> Tout est retenu d'avance.
>
> PAUL CLAUDEL,
> *Le Pain dur*, acte I, scène 1,
> *Théâtre*, t. II, Gallimard, « Bibliothèque de la Pléiade », 1965, p. 421.

• *La richesse risque de me faire oublier Dieu*

« Où est ton trésor, là aussi sera ton cœur » (Mt 6, 21).

Du fait que la richesse me permet de satisfaire la plupart de mes besoins, je suis en danger de ne plus apprécier Dieu à sa juste valeur, à sa valeur infinie.

Mon besoin de *confort* étant satisfait, je ne goûte plus Dieu comme peut le faire un pauvre. La bonne chère et mes loisirs passionnants et variés deviennent peu à peu mes raisons de vivre. J'y consacre le temps que je pourrais donner à la prière. Dieu n'est plus « le lot de mon cœur » (Ps 16, 6).

Mon besoin d'*estime* étant satisfait, je ne pense plus guère au regard du Seigneur posé sur moi. La considération dont on entoure souvent ceux qui peuvent dépanner les autres par leur influence et par leurs biens est en passe de devenir la grande joie de ma vie.

> Si vous avez de l'argent plein les poches, vous êtes intelligent, vous êtes séduisant et vous avez une belle voix.
>
> Proverbe yiddish.

Mon besoin de *sécurité* étant satisfait, je ne mets plus en Dieu mon espérance. Ce sont mes réserves bancaires qui me font regarder l'avenir avec confiance. Mes assurances humaines me tiennent lieu de providence.

Bref, mes richesses m'exposent à devenir cette terre dont les épines empêchent la graine de pousser : « Les soucis du monde et la séduction de la richesse étouffent la Parole » (Mc 4, 19).

• *La richesse risque de me faire oublier les pauvres*

Les riches n'ont pas un cœur naturellement plus dur que les autres, mais leur genre de vie, leurs fréquentations risquent de les empêcher de voir la misère qui est à leur porte. Que ce soit dans leur quartier résidentiel, dans leurs loisirs ou leur travail, ils ne rencontrent guère de pauvres sur leur chemin.

C'est la terrible histoire du riche que Jésus met en scène dans la parabole de Lc 16, 19-31. Nulle part il n'est dit que c'était un mauvais riche ; nulle part il n'est dit qu'il s'est enrichi malhonnêtement ; nulle part il n'est dit qu'il a refusé de secourir le pauvre du nom de Lazare qui gisait près de son portail, tout couvert d'ulcères.

Mais précisément le danger des riches, c'est de passer à côté de la misère sans s'en apercevoir ; ils ont tellement de choses à faire, tellement de problèmes urgents à régler qu'ils n'ont pas le temps de regarder le pauvre qui se trouve à leur porte. Ils ont tout juste le temps de les apercevoir sur leur écran de télévision, car il faut quand même prendre le temps de s'informer sur le monde !

Jésus comprend bien la situation des riches ; il ne leur est pas facile de prêter vraiment attention aux pauvres concrets qui les entourent et de se laisser déranger par eux, car les pauvres dérangent d'autant plus qu'on est dans l'aisance. Quand on a tout ce qu'il faut pour vivre très convenablement, le spectacle de la misère du monde devient vite intolérable. C'est un reproche vivant qu'il est bien difficile de regarder en face. Jésus le comprend bien. Il se met à la place des riches : ce n'est pas facile... C'est exactement ce qu'Il dit dans l'Évangile : « Qu'il est difficile » aux riches d'entrer dans le Royaume, de laisser entrer les pauvres chez eux, de se laisser bousculer le cœur par le spectacle de la misère !

Poème africain

J'avais FAIM et vous avez fondé un club à but humanitaire
où vous avez discuté de ma faim.
JE VOUS EN REMERCIE.
J'étais en PRISON, et vous vous êtes pressés à l'Église
en priant pour ma libération.
JE VOUS EN REMERCIE.
J'étais NU, et vous avez échangé sérieusement
sur les conséquences morales de ma nudité.
JE VOUS EN REMERCIE.
J'étais MALADE et vous êtes tombés à genoux
pour remercier le Seigneur de vous avoir donné la santé.
J'étais sans toit et vous m'avez vanté les avantages de l'Amour de DIEU.
Vous paraissez si pieux... si confits en dévotion... si près de Dieu... !
Mais moi, j'ai toujours faim. Je suis toujours seul, nu, malade, prisonnier et sans toit.
ET... J'AI FROID !

Autrement dit, le riche risque de devenir indifférent à Dieu : c'est la parabole du grand propriétaire qui fait de grands projets d'agrandissements, en oubliant complètement le sens de son existence (Lc 12, 16-2). Il risque aussi de devenir indifférent à ses frères : c'est la parabole du riche qui ne prête pas attention à Lazare (Lc 16, 19-30).

> Un homme qui aime son coffre-fort
> devient un cœur de bronze.

Il est piquant de remarquer le genre d'invectives adressées aux riches par le Christ. À des hommes qui se piquent de savoir placer leur argent, il leur reproche d'être de mauvais gestionnaires. « Imprévoyants, leur dit-il en substance, vous placez votre argent à court terme au lieu de le placer à long terme dans des entreprises sûres » :

« Insensé, cette nuit même on va te redemander ton âme. Et ce que tu as préparé, qui l'aura ? Ainsi en est-il de celui qui thésaurise pour lui-même, au lieu de s'enrichir en vue de Dieu » (Lc 12, 20-21).

2. La gestion évangélique des biens

L'Évangile nous demande d'avoir vis-à-vis de nos biens non pas une mentalité de propriétaire souverain, n'ayant de comptes à rendre à personne, mais celle d'un intendant. Dieu est le véritable propriétaire de tous les biens de l'univers, et nous aurons à Lui rendre compte de la gestion de ceux qu'Il nous aura confiés (Mt 24, 45-51 ; 25, 14-30).

« Aux riches du monde présent, prescris de ne pas faire les fiers, de ne pas mettre tout leur espoir dans l'incertitude de la richesse, mais en Dieu qui nous procure tout richement, pour que nous en jouissions ; qu'ils fassent le bien, s'enrichissent de belles œuvres, qu'ils soient prompts à donner et à partager, s'amassant ainsi un beau capital pour l'avenir, afin de se saisir de la vie véritable » (1 Tm 6, 17-19).

Le riche n'est qu'un intendant

À qui fais-je tort, dit l'avare, en gardant ce qui m'appartient ? – Quels sont, dis-moi, les biens qui t'appartiennent ? Où as-tu pris quelque chose pour l'introduire dans la vie ? Tel un homme qui prendrait place dans un théâtre, et puis écarterait ceux qui voudraient entrer, parce qu'il considère comme son bien propre ce qui est là pour l'usage de tous : tels sont les riches. Car, des biens communs, qu'ils ont occupés les premiers, ils font leurs biens propres, pour cette raison qu'ils les ont pris d'abord.

Si chacun, en effet, emportait seulement ce qui est requis pour son usage, et que, le superflu, il le laissât à qui est dans le besoin, personne ne serait riche, personne ne serait pauvre, personne, indigent.

N'es-tu pas sorti nu du sein de ta mère ? Ne seras-tu pas nu quand tu retourneras en terre ? Les biens présents, d'où te sont-ils venus ? Si tu dis : du hasard, tu es un athée, car tu ne reconnais pas le Créateur, et tu ne sais pas gré à celui qui t'a pourvu. Si tu confesses qu'ils viennent de Dieu, dis-moi la raison pour laquelle tu les as reçus. Est-ce que Dieu serait injuste, lui qui nous partage inégalement les biens nécessaires à la vie ?

Pourquoi es-tu riche, et celui-là pauvre ? N'est-ce pas absolument pour que ta bonté et ta fidèle administration reçoivent leur récompense, tandis que le pauvre aura l'honneur de se voir attribuer le prix magnifique promis à la patience ? Et toi, qui enveloppes tous tes biens dans les plis d'une insatiable avarice, tu penses ne faire de tort à personne en dépouillant tant de malheureux ? Qui donc est l'avare ? Celui qui ne se contente pas de ce qui suffit. Qui est le spoliateur ? Celui qui enlève les biens de chacun. Et tu n'es pas un avare ? Tu n'es pas un spoliateur, toi qui, des biens dont tu as reçu la gestion, fais ton bien propre ? Celui qui dépouille un homme de ses vêtements aura nom de pillard ; et celui qui ne vêt pas la nudité du malheureux, alors qu'il peut le faire, est-il digne d'un autre nom ?

À l'affamé appartient le pain que tu gardes ; à l'homme nu, le manteau que tu conserves dans tes coffres ; au va-nu-pieds, la chaussure qui pourrit chez toi ; au besogneux, l'argent que tu conserves enfoui. Ainsi tu commets autant d'injustices qu'il y a de gens à qui tu pouvais donner.

BASILE DE CÉSARÉE (329-379),
Homélie 6, 7, trad. S. Giet,
dans *Les idées et l'action sociale de saint Basile*,
Éd. Gabalda, 1941, pp. 97-99.

Depuis plus d'un siècle, les encycliques sociales des papes nous rappellent les deux grands principes qui doivent éclairer notre conduite vis-à-vis de l'argent.

• *Les biens de la terre sont destinés à tous les hommes*

Cette vérité a été réaffirmée solennellement par la constitution pastorale *Gaudium et spes* du concile Vatican II (1965) :

« Dieu a destiné la terre et tout ce qu'elle contient à l'usage de tous les hommes et de tous les peuples, en sorte que les biens de la création doivent équitablement affluer entre les mains de tous, selon la règle de la justice, inséparable de la charité. Quelles que soient les formes de la propriété, adaptées aux légitimes institutions des peuples, selon des circonstances diverses et changeantes, on doit toujours tenir compte de cette destination universelle des biens. C'est pourquoi l'homme, dans l'usage qu'il en fait, ne doit jamais tenir les choses qu'il possède légitimement comme n'appartenant qu'à lui, mais les regarder aussi comme communes : en ce sens qu'elles puissent profiter non seulement à lui, mais aussi aux autres. D'ailleurs tous les hommes ont le droit d'avoir une part suffisante de biens pour eux-mêmes et leur famille. C'est ce qu'ont pensé les Pères et les docteurs de l'Église qui enseignaient que l'on est tenu d'aider les pauvres, et pas seulement au moyen de son superflu. Quant à celui qui se trouve dans l'extrême nécessité, il a le droit de se procurer l'indispensable à partir des richesses d'autrui. Devant un si grand nombre d'affamés de par le monde, le Concile insiste auprès de tous et auprès des autorités pour qu'ils se souviennent de ce mot des Pères : “Donne à manger à celui qui meurt de faim car, si tu ne lui as pas donné à manger, tu l'as tué" ; et que, selon les possibilités de chacun, ils partagent » (n° 69, § 1).

• *La mise en valeur des richesses du monde réclame des responsables doués d'initiative et d'autorité*

C'est ce second principe – moins important que le premier – qui fonde la légitimité du droit de propriété : les hommes travaillent mieux quand ils sont stimulés par l'intérêt, quand ils sont responsables de la gestion d'une entreprise. La constitution *Gaudium et spes*, après avoir affirmé la destination universelle de tous les biens de la terre, reconnaît également l'opportunité de la propriété privée : « La propriété privée ou un certain pouvoir sur les biens extérieurs assure à chacun une zone indispensable d'autonomie personnelle et familiale ; il faut les regarder comme un prolongement de la liberté humaine. Enfin, en stimulant l'exercice de la responsabilité, ils constituent l'une des conditions des libertés civiles » (n° 71, § 2).

Je n'ai donc pas le droit de jouir n'importe comment des biens dont je suis le propriétaire légitime. Ils sont *à moi*, mais pas exclusivement *pour moi* !

Dans sa fameuse encyclique de 1891, *Rerum novarum*, Léon XIII rappelait ce que disait déjà saint Thomas d'Aquin au XIIIe siècle : « Dès qu'on a accordé ce qu'il faut à la nécessité et à la bienséance, c'est un devoir de verser le superflu aux pauvres. »

Il est vrai que *la notion de superflu est difficile à déterminer.* L'appréciation en est laissée à la conscience de chacun – une conscience qui se laisse plus ou moins interpeller par le Saint-Esprit.

Il est également vrai que l'Église reconnaît plusieurs façons de mettre son superflu à la disposition de ceux qui sont dans le besoin : on peut le donner, mais on peut aussi l'investir dans la création ou le développement d'une entreprise, afin de fournir du travail à ceux qui n'en ont pas. À condition, précise Pie XI dans son encyclique *Quadragesimo anno* (1931), que ce travail soit employé à produire des biens réellement utiles...

Cette utilisation du superflu au service des pauvres est bel et bien un acte de justice sociale. Lorsque, prenant sur mon superflu, j'envoie un chèque à une œuvre caritative, je ne fais qu'accomplir un acte de justice sociale – qu'on préfère appeler aujourd'hui un geste de solidarité. Cet argent, en effet, tout en étant ma propriété, est destiné à la communauté humaine tout entière. Mais du fait que j'en suis le propriétaire, il me revient de l'employer comme bon me semble en faveur de tel besoin qui m'apparaît prioritaire.

Est-il besoin de rappeler que l'État se charge de redistribuer lui-même, sous forme d'impôts, une bonne partie – plus ou moins importante – de mon superflu !...

Ces gestes de solidarité (aumônes ou paiement de ses impôts) *deviennent des actes de charité, s'ils sont inspirés par un véritable amour du prochain.* Saint Paul envisage explicitement la possibilité d'une très grosse aumône faite sans amour, « pour se donner bonne conscience » dirait-on de nos jours : « J'aurais beau distribuer tous mes biens, écrit-il, si je n'ai pas l'amour, cela ne me sert de rien » (1 Co 13, 3). La véritable aumône, au contraire, est celle qui, comme le suggère l'étymologie du mot grec *eléémosunè*, est faite avec une authentique « compassion » pour les pauvres.

Lorsque nous demandons au Seigneur d'avoir compassion de notre misère *(kyrie, eleison)*, nous Lui demandons notamment d'avoir pitié de notre cœur de pierre et de nous donner à l'égard des « nécessiteux » une compassion qui ressemble un peu plus à la sienne. Une compassion qui n'a rien de méprisant. Une compassion agissante et pleine de respect.

3. « Ce qui est impossible aux hommes est possible à Dieu »

Telle est la façon dont Jésus conclut sa réflexion sur le fait qu'il est très difficile à un riche d'entrer dans le Royaume des cieux (Lc 18, 24-27). Un peu plus haut, nous l'avions entendu dire à ses apôtres qu'ils ne pouvaient y entrer qu'à condition d'avoir un cœur d'enfant (Lc 18, 16). Deux propos qui se rejoignent. Dieu seul peut changer notre cœur de pierre en cœur de chair, lui donner la souplesse dont il a absolument besoin pour ne pas se raidir devant la misère du monde.

Comment nous préparer concrètement, si nous sommes riches, à recevoir ce cœur nouveau, un cœur vibrant de véritable amour ?

• *Garder le contact avec de plus pauvres que soi*

Ils nous bousculent, ils nous inquiètent, ils nous empêchent de nous rassurer à bon compte, sous prétexte que nous avons déjà fait beaucoup de choses pour les autres.

Aller chez eux, c'est bien ; les inviter chez nous, c'est mieux (Lc 14, 12-14).

> Le partage va t'entraîner à modifier ta propre habitation.
>
> Fais de ta demeure un lieu d'accueil permanent, une maison de paix et de pardon.
>
> Invite à ta table. L'esprit de fête y éclatera plus dans la simplicité que dans l'abondance des nourritures.
>
> FRÈRE ROGER,
> prieur de Taizé.

• *S'informer de la misère du monde*

L'alimentation

180 millions d'enfants de moins de cinq ans souffrent de malnutrition grave.

14 millions d'enfants meurent chaque année avant l'âge de cinq ans.

Dans un grand nombre de pays (Éthiopie, Afghanistan, Mozambique, Angola, Rwanda, Somalie, Soudan, Burundi, Haïti), le nombre de calories consommées est en moyenne inférieur de 20 % aux besoins.

1 milliard d'habitants vivant en zone rurale et 500 millions d'habitants vivant en zone urbaine manquent d'eau potable.

La santé

1,5 milliard de personnes n'ont pas accès aux soins de santé élémentaires.

Des millions d'enfants de 10 à 14 ans sont employés comme main-d'œuvre : 48 millions en Asie (15 % de la population), 16 millions en Afrique (22 % de la population), 4 millions en Amérique (7 % de la population), 108 000 en Europe (0,3 % de la population).

2 millions de lépreux attendent des soins.

4 millions de lépreux sont guéris, mais restent handicapés à la suite de leur maladie.

500 000 à 600 000 nouveaux cas de lèpre se déclarent chaque année dans le monde.

Les conditions de vie

1,3 milliard de personnes (dont 500 millions en Asie) vivent dans la pauvreté absolue, avec un revenu égal ou inférieur à un dollar par jour.

Dans les bidonvilles des grandes villes des pays en développement (Mexico, Sào Paulo, Calcutta, Bombay, Shangaï, Téhéran, Djakarta, Buenos-Aires), un habitant sur quatre vit dans la pauvreté absolue.

À Manille, 3 millions d'habitants vivent dans des bidonvilles.

À New-Delhi, Bombay et Calcutta, 100 000 enfants vivent dans la rue.

Au Caire, 1 million de personnes logent dans les cimetières et plusieurs milliers dans les différents bidonvilles qui entourent la ville.

1 000 personnes arrivent chaque jour à Mexico, dans l'espoir d'y trouver du travail ! Des tonnes d'ordures traînent dans les bidonvilles et les rats prolifèrent.

À Santa Fé, la plus grande décharge d'ordures, 2 500 personnes vivent du ramassage. Avec ses 30 millions d'habitants, Mexico sera en l'an 2000 la plus grande ville du monde.

L'alphabétisation

1 milliard d'adultes dans le monde est analphabète.

300 millions d'enfants (dont 200 millions de filles) ne sont pas scolarisés.

Les inégalités

77 % de la planète n'a accès qu'à 15 % de ses revenus.

Si les dirigeants africains et la communauté internationale ne réagissent pas, plus de la moitié du continent africain vivra en dessous du seuil de pauvreté en l'an 2000.

En France

200 000 personnes ont un logement « précaire » (squat, hôtel, caravanes, foyers et centres d'accueil) ; 100 000 vivent dans la rue.

0,5 % des ménages n'ont pas de cuisine ;

0,2 % n'ont pas l'eau courante ;

2,9 % n'ont pas de sanitaires.

En 1995, 47 % des Français ont envoyé bénévolement un don en faveur des plus démunis. Le chiffre s'élève à 60 % chez ceux qui adhèrent à une association et à 81 % chez les catholiques pratiquants.

• *Contempler longuement Jésus*

C'est en regardant le crucifix de la chapelle Saint-Damien, puis en méditant assidûment le mystère de la crèche que François a eu envie d'épouser Dame Pauvreté à l'instar de son Maître.

C'est en goûtant la présence et l'amour de Dieu que nous finissons par relativiser les multiples produits que la société de consommation nous propose à grand renfort de publicité. C'est en ouvrant notre cœur à la douceur de Dieu que nous arrivons à nous désencombrer de nos idoles.

• *Aller parfois dans un cimetière*

Nos défunts nous encouragent à bien placer notre argent : « Ce que j'ai dépensé, je l'ai perdu ; ce que je possédais, je l'ai laissé à d'autres ; ce que j'ai donné est encore à moi », lit-on sur une vieille épitaphe.

Ils nous encouragent à nous faire des amis avec l'argent, des amis qui nous recevront en temps voulu « dans les tentes éternelles » (Lc 16, 9).

• *Rompre en famille le mur du silence*

Un foyer chrétien, c'est un foyer qui n'a pas peur de se laisser interpeller par les paroles si nettes de l'Évangile au sujet de l'argent.

C'est en dialoguant avec d'autres que les chrétiens peuvent avoir le courage de s'opposer au luxe ambiant, à la consommation effrénée de certains milieux. « Vous êtes des enfants de la lumière, nous dit saint Paul, des enfants du jour... Conduisez-vous donc en enfants de lumière ; le fruit de la lumière, c'est la bonté, la justice, la vérité » (1 Th, 5, 5).

Une équipe de foyers chrétiens me faisait part de sa difficulté à aborder en réunion les problèmes d'argent : « Même après des années et des années de convivialité, c'est un sujet qui reste "tabou", plus encore que le sexe ou la politique. »

Voici un extrait de la lettre que je lui ai envoyée :

Un sujet tabou

Je vous répondrai tout d'abord qu'on ne change pas facilement les habitudes ancestrales d'un peuple. Nous ne sommes pas en Amérique où les gens fortunés n'hésitent pas à faire état de leur fortune. Cet « étalage » nous apparaît, à nous Français, comme un manque total de pudeur. N'allez donc pas casser votre équipe en lui suggérant d'échanger sur ce thème lors de votre prochaine réunion. Vous risquez de provoquer un blocage qui rendrait impossible tout échange ultérieur sur ce point névralgique.

Avant de vous suggérer quelques pistes d'approche, essayons de voir les raisons qui rendent difficile toute conversation sur ces questions d'argent.

Ou bien vous estimez en manquer pour la réalisation de vos désirs les plus légitimes : la location ou l'achat d'un logis plus spacieux pour votre famille, l'aménagement d'une cuisine plus fonctionnelle pour la maîtresse de maison, le remplacement d'une voiture qui commence à vieillir, la possibilité de partir plus souvent en vacances...

Et vous n'osez en parler à personne, pas même à vos meilleurs amis, pas même aux membres de votre équipe. Vous n'avez peut-être pas osé leur dire que le montant de la cagnotte lancée pour le rassemblement international du mouvement n'était pas suffisant pour vous permettre d'y partir vous-mêmes. Comme il est difficile d'avouer qu'on a des problèmes de trésorerie ! Même si parfois on a envie de le crier, surtout au cours d'un repas où l'on entend un foyer parler avec enthousiasme de son dernier voyage « sur les pas de saint Paul ».

On ne le lui reproche pas, on ne peut même pas dire qu'on est jaloux, mais comme il est dur pour un homme de ne pas pouvoir offrir à sa femme le voyage dont elle rêve secrètement et dont elle ne parle jamais... pas même à son mari !

Cette gêne pécuniaire peut même atteindre des proportions qui provoquent chez vous une réelle angoisse. Votre exploitation agricole n'est pas rentable, les bénéfices de votre commerce baissent dangereusement depuis des années. Bien pire, vous êtes au chômage et vous avez un mal fou à retrouver du travail. Mais ici encore vous n'osez confier à personne le montant de votre « découvert » en banque...

Ou bien vous estimez avoir une situation très convenable, vous reconnaissez volontiers faire partie de ces privilégiés qui n'ont actuellement aucun problème sérieux en matière de budget.

Vous en avez peut-être eu jadis. Je pense à ces médecins généralistes qui, au début de leur carrière, sont restés plusieurs mois avec une clientèle très restreinte. Je pense à tous ces ménages qui, pour devenir propriétaires de leur habitation, ont dû se priver de bien des choses pendant des années. Ils ne sont pas près de l'oublier et ils en parlent volontiers... Ils sont fiers d'avoir surmonté cette épreuve. Elle a soudé leur foyer.

Mais comme il est difficile d'avouer qu'aux privations de jadis a succédé une réelle abondance ! On en est presque gêné. La gêne a changé d'objet. On n'oserait pas montrer la déclaration de revenus qu'on a envoyée en février dernier à l'inspecteur des impôts. On a beau être très régulier dans l'envoi de chèques aux œuvres qui ne manquent jamais de se rappeler au bon souvenir de leurs généreux bienfaiteurs, on sent bien qu'on pourrait faire davantage pour tous « les exclus » de la terre.

Ou bien vous estimez vous trouver dans un juste milieu, ni trop riches, ni trop pauvres. Vous ne pouvez pas vous payer tout ce que vous voudriez, mais vous n'en souffrez pas vraiment, lorsque vous pensez aux millions de gens qui manquent du nécessaire. En France même, près de cinq millions de personnes vivent avec moins de 75 F par jour. 100 000 d'entre elles sont sans domicile fixe.

Que faire ?

Osez d'abord aborder un jour le problème en foyer :

Si vous estimez être plutôt dans l'aisance, posez-vous la question suivante : « Ne sommes-nous pas en train de perdre de vue l'idéal qui nous animait au moment de notre mariage : vivre l'Évangile dans toute notre vie de couple ? N'y a-t-il pas des choses ou des activités dont nous devenons insensiblement esclaves, du fait qu'elles sont en train de nous "grignoter" ? Ne faudrait-il pas prendre la décision de briser cette chaîne ? »

Si vous êtes pauvres, je vous invite à un triple effort :

Tout faire pour améliorer votre condition. Vous battre pour sortir de votre situation, pour trouver ou retrouver du travail, pour faire aboutir vos revendications. Voilà plus d'un siècle que les papes nous expliquent, dans leurs encycliques sociales, que l'action syndicale est tout à fait compatible avec la charité chrétienne. Elle en est même, tout comme le combat politique, une expression privilégiée.

Mais ne pas attendre la réussite de cette action pour *croire de tout votre cœur à la tendresse sans mesure de votre Dieu.* C'est à tous les chrétiens, riches et pauvres, que s'adresse l'exhortation de l'apôtre : « Soyez toujours joyeux, priez sans cesse, en toute condition soyez dans l'action de grâce » (1 Th 5, 16-18).

Avoir aussi *la simplicité de demander une aide* à ceux qui ont les moyens de vous l'apporter. Ce n'est pas drôle de passer parfois pour un mendiant. C'est pourtant votre devoir de le faire à bon escient. Tâchez de trouver la bonne porte qui s'ouvrira chaleureusement, le bon cœur qui accueillera votre demande avec joie, parce qu'il aura déjà expérimenté qu'« il y a plus de joie à donner qu'à recevoir » (Ac 20, 35).

L'autre chose à faire, c'est *d'apprendre à échanger avec ceux qui sont capables d'écouter avec amour les interrogations de notre conscience ou notre souffrance de pauvres.*

Ce sont des réalités tellement profondes qu'on ne peut les partager qu'avec des amis très intimes : un père spirituel, un foyer chez lequel on pressent l'existence de préoccupations similaires.

Mais, j'ose y revenir, ce serait déjà un fameux progrès si vous arriviez à en causer avec votre conjoint. Je devine les prodiges de délicatesse dont une épouse doit faire preuve pour faire remarquer gentiment à son mari qu'il consacre peut-être une part trop importante du budget familial à sa collection de timbres ou à sa bibliothèque. Et il est tout aussi difficile à un mari de suggérer à sa femme qu'elle n'a pas besoin de porter des bijoux très chers pour être belle, toute jolie !

Lettre des Équipes Notre-Dame,
n° 106, mars-avril 1994.

• *Supplier le Seigneur de nous libérer de notre égoïsme* en faisant brûler notre cœur d'un véritable amour.

Demande chaque jour à Dieu de déverser en ton cœur l'amour pour tes frères et de mettre en leur cœur de l'amour pour toi. Dieu ne peut rien refuser à une communauté qui Le prie ainsi, car telle est Sa volonté que nous nous aimions les uns les autres comme Il nous a aimés.

LE LIVRE DE VIE DE JÉRUSALEM,
dans Pierre-Marie DELFIEUX, *Veilleurs sur la ville,*
Cerf, coll. « Foi vivante », 1995, p. 18.

On ne peut pas se mettre en règle une bonne fois avec l'obligation de secourir les pauvres en vendant tous ses biens en leur faveur. On n'a jamais fini d'aimer ! Rappelons-nous le mot que Jean Anouilh met sur les lèvres de Monsieur Vincent dans sa dernière conversation avec Anne d'Autriche :

« Oui, Madame, je n'ai rien fait.

– Que faut-il faire alors, Monsieur, pour faire quelque chose ?

– Davantage ! Nous sommes terriblement négligents. »

«Vous ne pouvez pas servir à la fois Dieu et l'argent»
(Mt 6, 24)

Je résume tout en un souvenir. C'est la plus brève des dernières volontés que j'ai entendues.

Un père de mon couvent, 54 ans, luttait depuis des années contre une tuberculose des reins. On était en pleines vacances. Le frère de la clinique lui annonce que cette fois c'est sans rémission. Alors le père Chifflot fit venir un père du couvent : «On m'a dit que je dois normalement mourir d'ici un mois ou deux. Vous allez voir mon médecin et vous lui demanderez premièrement si c'est vrai ; deuxièmement si pour le sacrement des malades, ça peut attendre le retour de mes neveux ; troisièmement si ça peut attendre le retour du père Carré» (alors prieur du Couvent).

Le père revint avec réponse affirmative sur les trois points. On assista alors à une bifurcation dans l'attitude profonde du père Chifflot. Lui qui vivait pour vivre, vécut alors pour se préparer à la mort. Et cependant il continua à travailler à ce qui devait devenir la Bible œcuménique.

Une fois que tous furent rentrés à Paris, la cérémonie de l'onction des malades eut lieu. En présence du père de Vaux, directeur de l'École biblique de Jérusalem, du père Carré, son supérieur, de ses trois neveux et nièces et de ses deux sœurs, il reçut le sacrement. Puis il prit la parole : «Dans la Bible, avant de mourir, les Patriarches faisaient un discours. Je ne suis pas un patriarche. Je vais quand même faire un discours.» Et se tournant vers ses neveux, il dit : «À vous mes neveux...»

Il faut préciser que l'aînée venait d'être reçue à l'agrégation de lettres, la deuxième à sa licence, et le troisième à Normale supérieure et Polytechnique. Leur père était mort en déportation sans avoir connu le dernier et le père Chifflot donnait toute son affection à les suivre.

Il leur dit alors : «Vous mes neveux, vous avez été une des grandes joies de ma vie. Je n'ai qu'un mot de testament à vous laisser» (un silence). «N'aimez pas l'argent. Vous pouvez vous retirer.»

Pas un mot sur le Christ, aucune élévation pieuse... et cependant y a-t-il dernière « volonté » plus proche de l'Évangile ? L'argent : ce qui emprisonne, ce qui rend esclave, ce qui empêche de s'adoucir. « N'aimez pas l'argent. »

BERNARD BRO,
Homélie radiodiffusée, 21 septembre 1980.

DONNER OU MILITER ?

On vient de parler d'aumône... Elle a bien mauvaise presse à l'heure actuelle. N'évoque-t-elle pas le geste paternaliste de ces grands patrons du siècle dernier qui accordaient aux membres de leur personnel des gratifications généreuses qu'ils leur devaient « en stricte justice » ?

Tout l'effort du chrétien ne devrait-il pas porter sur la réalisation de réformes de structures qui rendraient inutiles toutes les aumônes que l'on est encore obligé de faire actuellement pour pallier la mauvaise organisation de la société, la mauvaise répartition du budget national ou international ?

Il est vrai que certaines activités qui étaient considérées jadis comme des actes typiques de charité (le geste du bon Samaritain) sont devenues de nos jours des actes de solidarité strictement obligatoires sous peine de sanction pénale (le prêtre et le lévite de la parabole seraient aujourd'hui coupables de non-assistance à personne en danger). Les soins donnés jadis aux malades dans des « hôtels-Dieu » sont donnés aujourd'hui dans des hôpitaux et remboursés par la Sécurité sociale. Dans tous les domaines, ne faudrait-il pas s'efforcer de remplacer la charité privée par des institutions publiques beaucoup plus efficaces et beaucoup plus justes, de remplacer la quête pour les Papillons blancs par une allocation substantielle en faveur des handicapés ?

Il est évident que *l'amour doit nous faire travailler à incarner dans la législation les exigences de justice sociale*, de solidarité nationale et internationale découvertes par les générations précédentes. C'est en ce sens que l'action politique est, selon l'expression célèbre de Pie XI, l'une des expressions essentielles de la charité. Une revalorisation du prix des produits tropicaux – cacao ou café par exemple – est beaucoup plus juste que l'envoi d'une aide financière en Afrique ou en Amérique du Sud. En ce sens, on peut dire que la charité atteint son couronnement dans la suppression de l'aumône.

Mais, selon le mot de l'Évangile (Jn 12, 8), *il y aura toujours des pauvres parmi nous*. Avant que ne se fasse la réforme des structures institutionnelles – et pour les préparer dans l'opinion publique – il faudra toujours organiser des dépannages d'urgence. Il serait catastrophique que la mobilisation politique des chrétiens leur fasse complètement déserter les activités caritatives qui apportent actuellement aux handicapés, aux lépreux, aux pauvres du tiers monde des secours qui leur sont si précieux !

Le vrai chrétien doit avoir à cœur de participer à ces deux activités essentielles qu'inspire nécessairement tout amour authentique. C'est la devise que l'abbé Pierre a inscrite dans la Règle de vie des Compagnons d'Emmaüs :

« Devant toute humaine souffrance, selon que tu le peux, emploie-toi non seulement à la soulager sans retard, mais encore à détruire ses causes.

« Emploie-toi non seulement à détruire ses causes, mais encore à la soulager sans retard.

« Nul n'est, sérieusement, ni bon, ni juste, ni vrai, tant qu'il n'est résolu, selon ses moyens, à se consacrer, d'un cœur égal, de tout son être, à l'une comme à l'autre de ces deux tâches.

« Elles ne peuvent se séparer sans se renier. »

Qu'on ne vienne donc pas dire systématiquement que celui qui se lance dans des activités caritatives le fait pour se donner bonne conscience, pour oublier les injustices criantes de la société actuelle. C'est d'ailleurs souvent en participant à ces activités sociales que l'on découvre la dimension politique des problèmes.

Le militant syndical ou politique sait aussi qu'à force de brasser des problèmes à grande échelle, il risque d'oublier son prochain le plus proche, son voisin de palier ou son collègue de travail.

Autrement dit, nos activités, quelles qu'elles soient – d'ordre caritatif ou politique – ne doivent jamais nous faire oublier le primat absolu de l'amour. Nous ne sommes jamais dispensés d'aimer : nos activités politiques – pas plus que nos aumônes – ne doivent en aucun cas servir d'alibi à l'amour.

L'ARGENT ME REND ESCLAVE

Tu idolâtres tes affaires
Dont un jour il faut te défaire.

~

La monnaie a pignon sur rue
Aux pays où tout s'évalue,
Mais dans les déserts sans chemin
Des enfants nus meurent de faim.

~

Pas de péage pour le Ciel
Si ce n'est un billet d'amour.

~

Donne un peu de ton pain
Aux souffrants de la faim :
C'est la bouchée d'amour
Que Dieu mange à son tour.

~

Tu aimes les lointains,
Mais vois-tu ton prochain ?

~

Laisse la chaleur de l'amour
Dilater les rails de ton cœur.

Marie BAUDOUIN-CROIX

Tout le monde m'attend !

L'avenir m'inquiète

1. Vivre l'aujourd'hui de Dieu
   La valeur irremplaçable de l'instant présent
   L'abandon vécu jusqu'à l'héroïsme
2. Préparer paisiblement l'avenir
   Prendre le temps de mettre au point ses projets
   Savoir se faire aider
   Ne pas remettre au lendemain ce qui est urgent
   Ranimer sans cesse son espérance

Chapitre XI

L'avenir m'inquiète

Les sages de tous les temps ont repéré que le malheur des hommes venait en grande partie du fait qu'ils ne savaient pas vivre dans l'instant présent. Le mal universel des hommes, remarquait Sénèque, est moins de mal faire ou de ne pas faire que de faire autre chose que ce qu'ils ont à faire.

Il y a également toute une mystique de l'instant présent dans l'Évangile. « Ne vous inquiétez pas du lendemain, nous dit Jésus. Demain s'inquiétera de lui-même. À chaque jour suffit sa peine » (Mt 6, 34).

Cet ordre du Seigneur nous semble difficile à prendre à la lettre, car il n'est guère de journée qui ne nous fournisse sa ration d'ennuis de toutes sortes. Quand un souci disparaît, un autre se profile à l'horizon.

Nous justifions cette inquiétude en évoquant l'attitude désastreuse de ceux qui ne se préoccupent pas suffisamment de leur avenir ou de celui de leurs enfants. Cette insouciance est effectivement à l'origine de bien des malheurs. Dieu nous a donné la capacité de prévoir l'avenir pour que nous l'utilisions : nous n'avons pas à vivre comme des cigales qui chantent tout l'été sans préparer l'hiver ! D'ailleurs, Jésus Lui-même nous invite à ne pas ressembler à des vierges folles qui manquent de prévoyance (Mt 25, 1-13) !

Gilbert Cesbron utilise une très belle comparaison pour nous faire comprendre cette double exigence de l'Évangile. « Il nous faut disposer, dit-il, d'un système analogue au zoom des caméras : capable de "mettre au point", sur l'instant, les plans les plus éloignés comme les plus proches. Pareillement, il nous faut apprendre à passer, sans perdre une once de lucidité, du futur au présent[1]. »

Cette double exigence est elle-même en relation avec deux aspects complémentaires du message évangélique :
– l'essentiel est *déjà là* et nous pouvons en jouir dès maintenant : le Christ est vivant, déjà ressuscité, le Père nous aime et nous donne son Esprit ;
– mais le Royaume n'est *pas encore* parvenu à son terme et nous devons travailler de toutes nos forces à son avènement.

La vie chrétienne est un incessant va-et-vient entre la joie de croire que le Royaume est déjà venu et celle d'espérer qu'il va enfin venir par la persévérance de notre prière et le dynamisme de notre action – une action à prévoir et à préparer.

Comment pouvons-nous satisfaire à ces deux exigences complémentaires : vivre paisiblement l'instant présent, tout en préparant activement notre avenir et celui de nos frères ?

1. *Vivre l'aujourd'hui de Dieu*

Tel est le titre d'un livre du frère Roger[2]. Il exprime bien un aspect essentiel de la Bonne Nouvelle qu'il nous est demandé de vivre et d'annoncer par le témoignage d'une sérénité aussi parfaite que possible au milieu de tous nos soucis.

Repérons d'abord toutes les pertes de temps que nous pouvons nous reprocher du fait que nous laissons trop souvent vagabonder notre imagination vers l'avenir ou notre mémoire dans le passé.

Ou bien nous ressassons le passé dans des sentiments très variés nous empêchant d'être disponibles aux richesses du présent.

Nous passons de la vanité à la tristesse, lorsque le souvenir de nos échecs succède à celui de nos exploits ; du regret au remords, lorsque la nostalgie des moments heureux de notre vie cède place à l'évocation des lâchetés que nous avons commises.

1. *Ce que je crois*, Grasset, 1970, p. 134.
2. Les Presses de Taizé, 1959.

Ou bien nous nous inquiétons de l'avenir : nous craignons d'y rencontrer de nouvelles souffrances et des difficultés insurmontables, ou nous avons tellement peur de ne pas terminer à temps notre travail que nous le bâclons, quitte à regretter plus tard les erreurs causées par notre précipitation. « Ce qui fatigue, disait Paul Valéry, ce n'est pas le travail qu'on fait, mais le travail qui reste à faire. » Il arrive même que la peur de l'automobiliste d'arriver en retard à un enterrement en provoque un autre !

Goethe s'adressait à lui-même cette apostrophe : « Tu crains ce qui n'arrivera pas, tu pleures ce que tu n'as pas perdu. » Et combien d'entre nous pourraient méditer ce qu'un humoriste anglais avait écrit sur une pancarte posée sur sa cheminée : « Les plus grandes tragédies de ma vie ne me sont jamais arrivées. »

• *La valeur irremplaçable de l'instant présent*

Qu'est-ce qui peut aider le plus efficacement un chrétien à ne pas se laisser emporter par des ruminations stériles ou des inquiétudes fébriles ? La conviction que l'instant présent a une valeur unique, irremplaçable, qu'il est un *présent royal* que Dieu me fait et que je dois accueillir avec action de grâce. L'instant présent est le seul moment où je puis en toute vérité aimer Dieu et mon prochain. N'est-il pas, avec l'heure de ma mort, le moment le plus important de mon existence, le moment pour lequel je supplie la Vierge dans chaque *Ave* ?

« Qui a l'instant présent a Dieu, disait Thérèse d'Avila. Et qui a Dieu a Tout. »

> Que rien ne te trouble
> Que rien ne t'effraye
> Dieu ne change pas
> Tout passe
> La patience obtient tout
> Qui a Dieu ne manque de rien
> Seul Dieu suffit.
>
> Signet trouvé, après sa mort, dans le bréviaire de Thérèse d'Avila.

Dans sa correspondance, Fénelon cite très souvent un verset d'Évangile (Mt 6, 34) pour encourager ses correspondants à vivre dans un abandon paisible au bon vouloir de Dieu : « À chaque jour suffit son mal ; quand demain sera venu, il aura soin de lui-même[1]. » « Au jour la journée » aime-t-il répéter. « Quand on est bien abandonné à Dieu, tout ce que l'on fait est bien fait, sans faire beaucoup de choses : on s'abandonne avec confiance pour l'avenir, on veut sans réserve tout ce que Dieu voudra et l'on ferme les yeux pour ne rien prévoir de l'avenir. Cependant on s'applique dans le présent à accomplir sa volonté[2]. »

À la suite de Fénelon, le père de Caussade exhorte les âmes à se dépouiller de toute inquiétude concernant le passé ou l'avenir : « Ne pensons qu'à profiter du moment présent selon l'ordre de Dieu, laissons le passé à sa miséricorde, l'avenir à sa providence[3]. »

Être présent à Dieu qui nous est présent dans l'instant présent, c'est tout un programme.

Pour mieux le réaliser, rappelons-nous qu'une seule seconde de véritable attention à Dieu, de confiance en Lui, peut réparer des années entières d'indifférence, d'orgueil ou de lâcheté. C'est ce qui s'est produit chez celui que nous appelons le Bon Larron : en un instant le Seigneur a converti son cœur.

De même, une seconde d'attention à un être peut créer entre lui et moi une communion, faire naître une sympathie toute nouvelle. Lorsque j'entre dans une vraie relation avec quelqu'un, lorsque je deviens réellement son prochain, ce qui est la façon authentique de l'aimer, je crée quelque chose d'original et je permets au Seigneur de s'insérer davantage dans le monde : *Ubi caritas, Deus ibi est* (Là où règne la charité, là règne Dieu).

1. Lettre du 25 juillet 1700, *Œuvres complètes*, t. 8, Paris, 1852, p. 518.
2. *Instructions sur la morale et la perfection chrétienne*, 14, t. 6, p. 95.
3. *Traité sur l'oraison du cœur*, Éd. M. Olphe-Gaillard, coll. « Christus », 49, Paris, 1981, p. 136.

Pour ce faire, il est indispensable de lutter contre la mentalité comptable qui trop souvent nous empêche de vivre. Nous avons trop tendance à mesurer la valeur d'une journée à la quantité d'activités que nous avons accomplies, à la besogne que nous avons abattue ! Autrement dit, nous sommes tentés d'estimer une journée « réussie » lorsque nous avons pu y accumuler idées, rencontres, travaux, succès ou argent, alors qu'en nous contentant d'être disponibles à l'événement, attentifs à Dieu et aux autres, nous l'avons bien utilisée, même si nous n'avons pas pu accomplir la moitié du travail prévu.

La *qualité de la vie* dont on parle tant, c'est d'abord, pour nous chrétiens, vivre paisiblement chaque instant de notre existence comme un moment unique où le Père veut nous gâter et où nous pouvons rendre le monde éternellement plus beau. « Chaque instant, disait Lacordaire, vient à nous avec un ordre de Dieu. » Nous pouvons dire pareillement qu'il vient à nous avec un don de Dieu. À nous de ne pas le laisser passer ! Peu importe si l'emballage du cadeau est parfois déconcertant, « car un léger moment d'affliction nous vaut un poids extraordinaire de gloire éternelle » (2 Co 4, 17).

Nous devons donc éliminer de notre cœur le désir d'avoir terminé notre travail avant même de l'avoir commencé. La frénésie de la vitesse est finalement le refus de notre condition de créature, une condition soumise à la loi de maturation. Nous ne sommes pas Dieu. Il nous faut du temps – et souvent beaucoup de temps – pour faire quelque chose. D'ailleurs Dieu Lui-même, sauf exception, sauf miracle, prend habituellement beaucoup de temps pour construire ses chefs-d'œuvre. Il a préparé pendant des milliards d'années la venue de son Fils parmi les hommes. Et, quand Il est venu parmi nous, le Fils unique Lui-même s'est soumis à la loi du temps : à Nazareth, pendant trente ans, Il a appris son métier d'homme. Alors, pourquoi vouloir aller plus vite que Dieu ? « Toute hâte vient du diable », disait un vieux proverbe.

« C'est inouï ce que l'on peut faire avec le temps, écrivait Lacordaire, quand on a la patience d'attendre. »

> Avant de toucher au volant,
> Souviens-toi :
> La prudence mène à la vieillesse
> et la folle témérité mène au cimetière.
> Ralentis pour ta peau et pas pour les gendarmes.
> Quand tu vas comme un fou sur la route,
> un héritier attend derrière chaque arbre.
> Au volant, pas de distractions :
> ne pense pas à la mort de Louis XVI, pense à la tienne.
> Laisse passer sans honte ceux qui veulent passer :
> une concession momentanée vaut mieux qu'une concession à perpétuité !
> Méfie-toi des bestiaux qui vont boire
> et des hommes qui en viennent.

Nous devons combattre aussi l'impression si fréquente de vivre des temps morts, inintéressants et inefficaces, alors que nous pouvons profiter d'une attente à un feu rouge, à un guichet ou à notre téléphone pour nous replonger en Dieu et nous laisser envahir par son Esprit. Il faudrait profiter de toutes les minutes creuses de notre vie pour rejoindre Dieu dans la cellule intérieure de notre âme, en Lui redisant avec joie :

Ô Toi qui es chez Toi tout au fond de mon cœur
Fais-moi me perdre en Toi tout au fond de mon cœur

> Un petit bonhomme de six ans disait un jour à sa maman :
> « Que dirais-tu si je devenais prêtre ?
> – Si c'est la volonté de Dieu, Jean-Baptiste, je ne t'en empêcherai certainement pas... Et pourquoi désires-tu devenir prêtre ?
> – Pour apprendre aux gens à voyager.
> – ? ? ?
> – Mais oui, Maman. On peut voyager dans son cœur ! »
> Le surlendemain, l'enfant redisait à sa mère qu'on pouvait descendre de plus en plus dans le fond de son cœur.

C'est ce que le frère Laurent de la Résurrection, ce merveilleux carme cuisinier du XVIIe siècle appelait la *méthode des « plongées spirituelles »*. Alors le match de notre vie deviendrait passionnant et les « arrêts de jeu » n'apparaîtraient plus comme des « temps morts ». Comment une seule seconde de notre vie pourrait-elle être un temps mort, alors que la volonté du Père est de nous créer et de nous recréer à chaque seconde pour modeler peu à peu notre visage d'éternité ?

Notre charité fraternelle serait également plus délicate. Au lieu d'avoir l'esprit préoccupé par tout le travail urgent à accomplir et nos rencontres futures à préparer, nous serions entièrement disponibles à la personne qui croise en ce moment notre chemin et attend l'ouverture de notre cœur.

• *L'abandon vécu jusqu'à l'héroïsme*

Si nous regardons de près la vie des saints, nous nous apercevons qu'ils ont vécu avec une confiance héroïque cette mystique évangélique de l'instant présent. Malgré tous ses soucis pédagogiques et financiers, Don Bosco avait placé sur sa table de travail le célèbre passage où Saint Paul nous exhorte à la vivre : « Soyez toujours joyeux dans le Seigneur ; je le répète : soyez dans la joie. Que votre sérénité soit connue de tous les hommes. Le Seigneur est proche. Ne soyez inquiets de rien, mais, en toute circonstance, dans l'action de grâce priez et suppliez pour faire connaître à Dieu vos demandes. Alors la paix de Dieu, qui dépasse tout ce qu'on peut imaginer, gardera votre cœur et votre pensée dans le Christ Jésus » (Ph 4, 4-7).

Le psaume préféré de Sainte Thérèse de l'Enfant-Jésus était le psaume 23 : « Le Seigneur est mon berger, RIEN ne saurait manquer où Il me conduit. »

Persuadée que rien ne pourrait la séparer de l'Amour de Dieu (Rm 8, 39), elle redisait souvent : « Tout est grâce. »

Mon chant d'aujourd'hui

Dans l'un de ses premiers poèmes[1], composé le 1er juin 1894, Thérèse exprime son désir de vivre un jour à la fois, « rien que pour aujourd'hui » :

Ma vie n'est qu'un instant, une heure passagère
Ma vie n'est qu'un seul jour qui m'échappe et qui fuit
Tu le sais, ô mon Dieu ! pour t'aimer sur la terre
Je n'ai rien qu'aujourd'hui !...

Oh ! je t'aime, Jésus ! vers toi mon âme aspire
Pour un jour seulement reste mon doux appui.
Viens régner dans mon cœur, donne-moi ton sourire
Rien que pour aujourd'hui !

Que m'importe, Seigneur, si l'avenir est sombre ?
Te prier pour demain, oh non, je ne le puis !...
Conserve mon cœur pur, couvre-moi de ton ombre
Rien que pour aujourd'hui.

Si je songe à demain, je crains mon inconstance
Je sens naître en mon cœur la tristesse et l'ennui.
Mais je veux bien, mon Dieu, l'épreuve, la souffrance
Rien que pour aujourd'hui.

Je dois te voir bientôt sur la rive éternelle
Ô Pilote Divin ! dont la main me conduit.
Sur les flots orageux guide en paix ma nacelle
Rien que pour aujourd'hui.

Ah ! laisse-moi, Seigneur, me cacher en ta Face.
Là je n'entendrai plus du monde le vain bruit
Donne-moi ton amour, conserve-moi ta grâce
Rien que pour aujourd'hui.

Près de ton Cœur divin, j'oublie tout ce qui passe
Je ne redoute plus les craintes de la nuit
Ah ! donne-moi, Jésus, dans ce Cœur une place
Rien que pour aujourd'hui.

Pain Vivant, Pain du Ciel, divine Eucharistie
Ô Mystère sacré ! que l'Amour a produit...
Viens habiter mon cœur, Jésus, ma blanche Hostie
Rien que pour aujourd'hui.

1. PN 5.

Daigne m'unir à toi, Vigne Sainte et sacrée
Et mon faible rameau te donnera son fruit
Et je pourrai t'offrir une grappe dorée
Seigneur, dès aujourd'hui.

Cette grappe d'amour, dont les grains sont des âmes
Je n'ai pour la former que ce jour qui s'enfuit
Ah ! donne-moi, Jésus, d'un Apôtre les flammes
Rien que pour aujourd'hui.

Ô Vierge Immaculée ! C'est toi ma Douce Étoile
Qui me donnes Jésus et qui m'unis à Lui.
Ô Mère ! laisse-moi reposer sous ton voile
Rien que pour aujourd'hui.

Mon Saint Ange gardien, couvre-moi de ton aile
Éclaire de tes feux la route que je suis
Viens diriger mes pas... aide-moi, je t'appelle
Rien que pour aujourd'hui.

Seigneur, je veux te voir, sans voile, sans nuage,
Mais encore exilée, loin de toi, je languis
Qu'il ne me soit caché, ton aimable visage
Rien que pour aujourd'hui.

Je volerai bientôt, pour dire tes louanges
Quand le jour sans couchant sur mon âme aura lui
Alors je chanterai sur la lyre des Anges
L'Éternel Aujourd'hui !...

Thérèse a vécu pleinement cette mystique de l'instant présent dans les derniers mois de sa vie. Au lieu de se tourmenter à l'idée que ses souffrances vont sans doute se prolonger, elle souffre minute par minute. « De moment en moment, on peut beaucoup supporter[1] », confie-t-elle à mère Agnès. « Je ne souffre qu'un instant à la fois, dit-elle encore : c'est parce qu'on pense au passé et à l'avenir qu'on se décourage et qu'on désespère[2]. »

Réflexions qui font penser à la réponse que fit un jour un garçon que le curé d'Ars allait voir à l'hôpital : « Tu souffres beaucoup, mon pauvre petit ? » lui demandait le curé. « Non,

1. CJ 14.6.
2. CJ 19.8.10.

monsieur le curé, je ne sens plus aujourd'hui le mal d'hier et demain je ne sentirai plus ma douleur d'aujourd'hui. » Saint Jean-Marie Vianney répétait volontiers ce mot d'enfant pour encourager ses paroissiens à ne pas s'inquiéter du lendemain.

Les saints sont en effet convaincus que Dieu leur donnera au fur et à mesure les grâces de courage dont ils auront besoin dans leurs épreuves. Si la souffrance augmente, Dieu donnera sa grâce en proportion. « Le bon Dieu me donne du courage en proportion de mes souffrances, disait Thérèse le 15 août 1897. Je sens que, pour le moment, je ne pourrais en supporter davantage, mais je n'ai pas peur puisque, si elles augmentent, Il augmentera mon courage en même temps[1]. » Huit jours plus tard, après avoir avoué à mère Agnès qu'elle n'avait jamais passé une aussi mauvaise nuit, elle ajoute : « Oh ! qu'il faut que le bon Dieu soit bon pour que je puisse supporter tout ce que je souffre ! Jamais je n'aurais cru pouvoir souffrir autant. Et pourtant je crois que je ne suis pas au bout de mes peines ; mais Il ne m'abandonnera pas[2]. » C'est avec cette conviction que, le 29 septembre, elle vivra son agonie : « C'est donc atroce ce que vous souffrez ? » lui demande mère Marie de Gonzague. « Non, ma Mère, répond-elle, pas atroce mais beaucoup, beaucoup, juste ce que je peux supporter. »

C'est d'ailleurs pourquoi elle n'était nullement tentée de s'admirer elle-même. Sa patience n'était pas la sienne. Un Autre souffrait en elle.

2. *Préparer paisiblement l'avenir*

Dieu nous aime plus que les moineaux du ciel. Mais Il ne nous a pas donné une « jugeote » pour que nous gardions toute notre vie une « tête de linotte » ! L'imprévoyance n'est pas une béatitude biblique. La Bible exalte plus d'une fois la prudence de celui ou de celle qui sait organiser les affaires de sa maison en voyant plus loin que le bout de son nez (Pr 31, 10-31).

1. CJ 15.8.6.
2. CJ 23.8.1.

L'abandon à la Providence ne signifie pas l'abandon de tout projet, de toute prospective. Plus nous acceptons de responsabilités, plus nous avons à faire des projets à long terme. Dieu ne nous demande pas seulement de développer notre patience et notre confiance, mais de nous servir de notre imagination créatrice, afin de trouver une solution aux problèmes toujours nouveaux qui se posent à nous et à nos frères.

Si nous devons prier comme si tout dépendait de Dieu, il nous faut agir comme si tout dépendait de la puissance créatrice de notre imagination et de la ténacité de notre volonté.

Passons en revue quelques principes qui peuvent nous aider à bien préparer notre avenir.

• *Prendre le temps de mettre au point ses projets*

Être à la fois modeste et audacieux dans leur élaboration : la conscience de notre pauvreté et de nos limites ne doit pas nous empêcher de voir grand !

Nous obliger à écrire nos projets dans leurs grandes lignes pour leur donner plus de précision et pouvoir vérifier par la suite où nous en sommes dans leur réalisation.

Ces projets et cette révision de vie doivent embrasser les différents aspects de notre existence : vie personnelle, familiale, professionnelle, civique, ecclésiale, etc., car c'est au cœur de toutes ces activités que nous avons à vivre le double commandement de l'amour de Dieu et du prochain.

• *Savoir se faire aider*

Savoir faire faire, c'est tout un art. Encore faut-il bien choisir ses collaborateurs, ne pas confier à un incapable une tâche au-dessus de ses forces.

Il faut apprendre aussi à travailler en équipe. Cela suppose qu'on ait assez d'humilité pour accueillir les suggestions des autres et utiliser leurs compétences. Partager les responsabilités, c'est partager aussi les applaudissements à venir : nous ne serons pas les seuls à recevoir des félicitations lorsque le travail sera achevé. La chose est bien difficile pour ceux qui sont encore sous l'emprise du vieux démon de la jalousie !

Mais la perspective est enthousiasmante pour ceux qui ont découvert les joies d'un véritable partenariat, de cette authentique camaraderie célébrée par Antoine de Saint-Exupéry : « Il n'est de camarades que s'ils s'unissent dans la même cordée, vers le même sommet en quoi ils se retrouvent[1]. »

• *Ne pas remettre au lendemain ce qui est urgent*

Si beaucoup de gens ne vivent pas bien l'instant présent, c'est qu'ils attendent toujours la dernière minute pour achever leur travail. Résultat : ils sont toujours en train de courir ! Leur devise pourrait être : « J'arrive ! » Et quand on vient leur demander un service, ils ne sont jamais disponibles : ils ont quelque urgence à régler... ou à bâcler !

C'est dans la mesure même où nous organisons notre travail et que nous avons le courage de ne pas remettre au lendemain l'exécution de notre devoir d'état que nous pouvons nous laisser déranger par ceux et celles qui viennent chaque jour bouleverser quelque peu nos projets. L'expérience montre que les gens les plus *disponibles* sont, en général, des gens extrêmement *organisés*. Loin de se contredire, l'organisation de son temps et l'attention au moment présent sont deux qualités éminemment complémentaires.

D'ailleurs, il ne manque pas de postes où la meilleure manière d'être utile à ses frères est de prévoir l'avenir. Et plus on s'élève dans la hiérarchie, plus la prévision doit se faire à long terme : le ministre des Finances doit faire plus de prospective que la simple ménagère !

• *Ranimer sans cesse son espérance*

Ce travail, nous l'accomplirons d'autant plus efficacement que nous l'accomplirons dans l'espérance. Une double espérance.

L'espérance que demain peut être plus beau qu'aujourd'hui – aussi bien pour les autres que pour nous. Sans nous aveugler par exemple sur la profondeur de la crise que tra-

1. *Terre des hommes,* Gallimard, « Bibliothèque de la Pléiade », p. 252.

verse aujourd'hui l'Église en Occident, nous devons être attentifs aux signes de renouveau que Dieu suscite dans le monde et redire avec le Psalmiste : « Oui, je verrai la bonté de Dieu sur la terre des vivants » (Ps 26, 13). Comme le remarque Gilbert Cesbron, « le contraire du pessimisme n'est pas l'optimisme : c'est l'espérance, laquelle est le propre de l'homme, beaucoup plus assurément que le rire[1] ». Nous devons être à la fois audacieux dans notre espérance et persévérants dans notre action.

Mais l'espérance aussi que rien ne sera perdu de tous les actes d'amour que nous pouvons poser à longueur de journées.

En somme, notre travail doit être illuminé par la supplication que Jésus nous demande de reprendre sans cesse : « Sur la terre comme au ciel, que ton règne vienne ! »

> L'espérance ne consiste pas à rêver l'impossible, mais à vivre les prémices. Lorsque nous regardons le blé pousser, nous savons que demain nous aurons du pain. Lorsque nous accueillons l'enfant qui vient de naître, nous savons que demain il aimera. Lorsque nous tendons la main du pardon, nous savons que demain sera meilleur qu'hier. Lorsque nous annonçons la Parole de l'Évangile, nous croyons que Dieu donne la vie pour l'éternité.
>
> MGR GILSON,
> Homélie radiodiffusée, 30 janvier 1983.

Tâchons donc de faire de chacune de nos vies une véritable symphonie Tout en sachant qu'elle sera toujours une symphonie inachevée, parce que la maladie, l'incompréhension d'autrui, nos gaffes, nos péchés, et finalement notre mort nous empêcheront de la jouer comme nous l'avions projeté.

Mais qu'importe ! Dieu nous demande précisément d'espérer qu'Il est capable de transformer un jour en alléluia éternel la symphonie de notre vie – une symphonie où les

1. *Ce que je crois*, p. 143.

fausses notes n'auront pas manqué, où les soupirs auront parfois duré trop longtemps, où les silences n'auront pas toujours été respectés, mais une symphonie que nous aurons essayé de jouer comme un enfant, sous le regard émerveillé du Père.

Jouons-la *non troppo presto, moderato*, c'est-à-dire sans vouloir aller plus vite que le chef d'orchestre divin qui dirige l'ensemble de tous les instrumentistes entre les mains desquels Il a remis une partition originale – une partition à déchiffrer et à jouer *con cuore*, « de tout notre cœur ».

> À tous ces gens qui nous entourent, si agités, si soucieux, on a envie de dire, comme le photographe de notre enfance : « Ne bougez plus et souriez ! ».
>
> GILBERT CESBRON,
> *Journal sans date*, p. 137.

En ton œuvre sois performant,
Tout en gardant un cœur d'enfant.

~

Voyage avec ton Dieu
En tout temps, en tout lieu.

~

Invente des dimanches
Au long de ta semaine
Pour fêter ton Seigneur.

~

Si rien ne va dans la journée,
Attends demain pour maugréer.

~

Pousse ton espérance
Sur des rails d'infini.

~

L'hiver peut être long :
Dis-toi que les bourgeons
Forcément fleuriront.

Marie BAUDOUIN-CROIX

Où es-tu, Seigneur ?

Dieu se cache

1. Dieu nous manifeste sa présence
2. Dieu nous révèle sa volonté
   À travers les événements
   À travers la Bible
3. Dieu nous parle dans le silence

Charles de Foucauld : Une recherche inlassable de la volonté de Dieu

Chapitre XII

Dieu se cache

Quand on a eu la chance – la grâce – de rencontrer Dieu dans sa vie, on peut s'étonner par la suite de son silence. S'Il aime vraiment ses enfants, pourquoi semble-t-Il si souvent jouer à cache-cache avec eux ?

Pour la clarté de l'exposé, nous étudierons plus spécialement deux aspects de ce « silence » de Dieu :

– Pourquoi ne se manifeste-t-Il pas plus clairement à ceux qui n'ont pas encore découvert sa présence ?

– Pourquoi ceux qui L'ont découvert ont-ils parfois tant de mal à déchiffrer sa Volonté ?

On entend souvent dire aujourd'hui que Dieu se révèle par son silence. On veut dire par là qu'un Dieu qui manifesterait bruyamment sa présence et sa volonté ne serait pas le vrai Dieu, un Père plein de respect pour la liberté de ses enfants.

Pascal aimait rappeler que Dieu se révèle dans la Bible comme un « Dieu caché ». Nous ne devons donc pas nous étonner de l'obscurité dans laquelle nous avons à vivre notre foi. Si Dieu multipliait signes et prodiges pour nous obliger à croire, notre adhésion de foi ne serait plus un acte libre et nous pourrions dire que Dieu ne nous aime pas vraiment. De même, s'Il nous dictait dans ses moindres détails la conduite que nous avons à suivre, notre libre arbitre se trouverait en quelque sorte au chômage.

Mais, par ailleurs, Dieu aime trop ses enfants pour s'enfermer dans le mutisme. Le Dieu de la Bible est un Dieu qui parle et qui ne dédaigne pas de manifester sa présence par un certain nombre de signes. Encore faut-il entendre sa voix, ne pas faire la sourde oreille.

> Aujourd'hui, écouterez-vous sa parole ?
> Ne fermez pas votre cœur comme au désert,
> Comme au jour de tentation et de défi.
>
> Ps 95, 7-8.

1. Dieu nous manifeste sa présence

Dieu a été longtemps très discret dans sa façon de se manifester aux hommes. Pendant des siècles Il ne l'a fait que par les splendeurs de sa création et la voix de leur conscience.

Les deux parties du psaume 19 chantent successivement cette double « épiphanie ». Le Seigneur fait proclamer sa gloire par les astres du ciel et retentir les exigences de sa Loi dans le cœur de chacun :

> Les cieux racontent la gloire de Dieu
> et l'œuvre de ses mains, le firmament l'annonce ;
> Le jour au jour en publie le récit
> et la nuit à la nuit transmet la connaissance.
>
> Les préceptes du Seigneur sont droits,
> joie pour le cœur,
> le commandement du Seigneur est limpide,
> lumière des yeux.
>
> Ps 19, 2-3, 9.

Heureux l'homme dont le cœur est sensible à ce double langage. Un langage qui parle encore à l'homme d'aujourd'hui. Jacques Loew, un grand apôtre de notre siècle, s'est converti à l'âge de vingt ans en s'émerveillant de la régularité des cristaux de neige qu'il avait recueillis dans une soucoupe, sur le balcon de son sanatorium. Et combien d'hommes reconnaissent que leur conversion date du jour où ils ont obéi, tout au fond de leur cœur, à une exigence de pureté et de sincérité qui s'imposait de plus en plus à leur conscience.

Mais un jour Dieu est entré directement en dialogue avec l'humanité. Tout commence par un ordre qui retentit profondément dans les oreilles et le cœur d'un homme, Abraham. Ce sémite habite la ville d'Ur, en Chaldée – le pays que nous appelons aujourd'hui l'Irak. Apostrophé par Dieu, Abraham Lui obéit. Il quitte tout pour se rendre dans un pays qu'il ne connaît pas mais que Dieu promet de lui donner, à lui et à sa descendance.

C'est le début de la longue épopée du peuple d'Israël, une véritable histoire sainte, l'histoire du dialogue privilégié que Dieu a décidé d'avoir avec ce peuple pour le préparer à recevoir un jour la visite de son Fils.

Pour assurer les hommes que c'est bien Lui qui parle, le Seigneur a toujours cru bon de leur donner des signes de sa présence.

Déjà sous l'Ancienne Alliance, Il manifeste sa présence par la nuée qui couvre le Sinaï tandis que Moïse y converse avec Lui (Ex 34, 15). Il fait jaillir l'eau du rocher et couvre le sol d'une nourriture mystérieuse – la manne – pour que la foi du peuple soit affermie (Ex 16, 16 ; 17, 6).

Jésus n'agira pas autrement. Dès les débuts de son ministère, Il accomplit des signes étonnants pour révéler son identité. Comment ses premiers disciples crurent-ils en Lui ? En étant les témoins du miracle de l'eau changée en vin. « Tel fut, à Cana de Galilée, le commencement des signes de Jésus. Il manifesta sa gloire et ses disciples crurent en Lui » (Jn 2, 11). L'évangile de Jean s'articule d'ailleurs autour des différents signes accomplis par Jésus depuis le miracle de Cana jusqu'à la résurrection de Lazare. Aussi l'évangéliste s'étonne-t-il de l'incrédulité de la plupart des responsables de l'époque (12, 37-42).

À la fin de sa vie, Jésus dit à ses disciples : « Si je n'avais pas fait au milieu d'eux ces œuvres que nul autre n'a faites, ils n'auraient pas de péché ; mais à présent qu'ils les ont vues, ils continuent à nous haïr, Moi et mon Père » (Jn 15, 24).

Dès sa première prédication à Jérusalem le jour de la Pentecôte, Pierre rappelle d'ailleurs à ses auditeurs les signes dont ils ont été les témoins : « Israélites, écoutez ces paroles : Jésus le Nazaréen, cet homme que Dieu avait accrédité auprès de vous en opérant par lui des miracles, des prodiges et des signes au milieu de vous, comme vous le savez, cet homme, vous l'avez livré en le faisant crucifier ; mais Dieu l'a ressuscité» (Ac 2, 22-24).

Comme Jésus le leur avait promis, des miracles accompagnèrent la prédication des apôtres, et il s'en produit encore aujourd'hui.

Le miracle de la Sainte Épine

Blaise Pascal accordait une grande importance à la guérison miraculeuse dont avait bénéficié, en 1656, à l'âge de dix ans, sa propre nièce et filleule, Marguerite Périer.

L'enfant était atteinte depuis deux ans d'une fistule lacrymale: un abcès qui s'était formé entre l'œil et le nez suppurait dans la bouche. Gilberte, la maman, s'était opposée à la cautérisation par le feu que préconisaient les chirurgiens. Et voici que, le 24 mars, l'enfant, pensionnaire dans le couvent de Port-Royal où Jacqueline, la sœur de Gilberte et de Blaise, était entrée en 1652, vénère une relique qu'on venait d'exposer dans la chapelle : une épine de la couronne du Christ[1] ! Le soir même, l'enfant déclare que son œil ne lui fait plus mal ; quelques jours plus tard, elle s'aperçoit que ses migraines ont complètement disparu.

Les religieuses ne crurent pas tout de suite au miracle, mais les médecins les plus célèbres de l'époque furent contraints de constater la guérison étonnante de Margot, notamment Félix, le premier chirurgien du roi. À la fin du

1. La chapelle se trouve aujourd'hui à l'intérieur de la maternité Baudelocque, à l'entrée du boulevard de Port-Royal, à cent mètres de la station «Port-Royal» du RER. Il va sans dire qu'il n'est pas question de prouver l'authenticité de la relique. Mais chacun sait que de vrais miracles peuvent se produire auprès de « fausses» reliques ! Il suffit de penser à toutes les guérisons qui s'accomplissaient dans l'église du curé d'Ars devant la châsse de sainte Philomène, une sainte qui n'a jamais existé que dans l'imagination d'archéologues du siècle dernier. Dieu peut « faire feu de tout bois», utiliser les moyens les plus pauvres pour conduire un enfant jusqu'à lui !

mois d'octobre, le vicaire général de Paris reconnaissait le caractère miraculeux de la guérison de la petite Marguerite Périer.

Pascal commença dès lors à mieux comprendre le rôle joué par les miracles dans les Évangiles et la vie des chrétiens. Entre septembre 1656 et novembre 1657, il se mit à rédiger des notes en vue d'un *Écrit sur le miracle* dont avait bénéficié sa filleule. Il y déclare notamment : « Les miracles sont plus importants que vous ne pensez : ils ont servi à la fondation et serviront à la continuation de l'Église jusqu'à l'Antéchrist, jusqu'à la fin[1]. »

Mais Pascal n'oublie pas l'endurcissement d'un grand nombre de juifs devant la guérison de l'aveugle-né[2]. Aussi se moque-t-il doucement, dans la dernière liasse de ses *Pensées*, de tous ceux qui disent : « Si j'avais vu un miracle, je me convertirais[3]. »

Ne dédaignons pas ces signes que le Seigneur ressuscité envoie depuis vingt siècles au milieu de son Église pour l'assurer de sa présence.

Il est vrai que nos yeux de croyants repèrent peut-être plus volontiers le passage du Seigneur dans un certain nombre d'événements qui nous semblent « providentiels » : la rémission inespérée d'une maladie grave, le dénouement heureux d'un conflit familial, la conversion d'un ami ou d'un parent pour lequel nous avions longuement prié. Mais, à côté de ces signes discrets, de ces « clins d'œil » du Ciel, Dieu se plaît à produire pour la joie de nos cœurs de croyants des signes plus explicites de sa présence agissante.

Et n'allons pas dire que la foi d'un chrétien est d'autant plus pure qu'elle n'a pas besoin de prendre appui sur eux. Jésus ne l'a jamais dit. Lorsqu'Il déclare à Thomas, huit jours après Pâques : « Heureux ceux qui croiront sans avoir vu », Il fait simplement l'éloge de tous ceux qui, sans L'avoir vu

1. *Pensées, Œuvres complètes*, Seuil, 1963, coll. « L'Intégrale », fr. 859.
2. *Op. cit.*, fr. 840.
3. *Op. cit.*, fr. 378.

ressuscité, croiront en sa présence en prenant appui sur l'attestation des quelques « témoins choisis d'avance » qui auront bénéficié de ses apparitions pascales (Ac 10, 41). Il félicite peut-être aussi tous ceux qui auront la simplicité de s'intéresser à des signes dont ils n'auront pas été eux-mêmes les témoins oculaires mais auxquels ils auront l'humilité de recourir pour étayer leur foi.

Encore faut-il, pour repérer la présence du Seigneur dans les signes qu'Il nous adresse, avoir un cœur suffisamment ouvert.

> Pour croire dix fois plus en Dieu, il suffit généralement de croire dix fois moins en soi.
>
> Dieu parle à tout le monde, mais la plupart d'entre nous ne Lui laissent pas placer un mot.
>
> André FROSSARD,
> *Les Pensées,*
> Le Cherche-Midi, 1994, pp. 130-131.

2. Dieu nous révèle sa volonté

Les psaumes nous font souvent demander la grâce de connaître la volonté de Dieu sur nous :

> Enseigne-moi, Seigneur, le chemin de tes ordres :
> à les garder, j'aurai ma récompense.
>
> Ps 119, 33.

> Seigneur, enseigne-moi tes voies,
> fais-moi connaître ta route.
>
> Ps 25, 4.

Or Dieu semble parfois faire la sourde oreille à la question que nous Lui posons : « Seigneur, que veux-tu que je fasse ? » (Ac 22, 10.) C'était la question de Paul sur le chemin de Damas. Il est vrai que le Seigneur ne lui montra que progressivement les chemins qu'il devrait prendre et les épreuves qu'il devrait supporter pour annoncer la Bonne Nouvelle à travers le monde.

Et nous, comment pouvons-nous découvrir le dessein de Dieu sur chacun d'entre nous ?

• *À travers les événements*

Il arrive que la volonté de Dieu se révèle à nous de façon brutale à travers l'événement : le mari qui se retrouve veuf par suite d'un accident survenu à son épouse est bien obligé d'apercevoir la « volonté permissive » de Dieu dans la situation qui devient subitement la sienne : il va devoir élever seul ses enfants.

Mais les événements ne disent pas tout ! Doit-il chercher à se remarier ? De multiples facteurs interviendront dans sa décision.

Il arrive même assez souvent que nous devions réagir énergiquement contre les événements. On a pu dire du Dieu de la Bible qu'Il était un anti-destin. La Bible nous exhorte en effet à ne jamais baisser les bras devant le mal.

La lutte doit être menée en plusieurs directions :
– contre les fléaux naturels (éruptions volcaniques, maladies) ;
– contre le péché qui abîme l'homme de l'intérieur.

C'est un combat à mener à la fois sur le plan personnel – le combat spirituel contre le « vieil homme » que chacun porte encore en lui – et sur le plan collectif pour la réforme des mentalités et des « structures de péché » qui empêchent les êtres humains de s'épanouir.

• *À travers la Bible*

Par le Décalogue, Dieu nous a indiqué les impasses à éviter pour ne pas nous détruire nous-mêmes ni abîmer les autres. Selon la remarque fort juste de Jacques de Bourbon-Busset : « La violence du Dieu de la Bible contre le péché des hommes est l'expression même de son amour. Il ne supporte pas la destruction de ceux qu'Il aime, leur dégradation dans l'alcool ou la débauche, la stérilisation de leur cœur, la disparition de leur amour. »

Le Christ est venu « accomplir » l'enseignement de la Loi (Mt 5, 17) et le chrétien a raison de méditer longuement tous les passages du Nouveau Testament qui monnayent le message des Béatitudes (Rm 12-13 ; 1 Co 12-14 ; 2 Co 3-4 ; Ép 4-6).

Convaincu que Dieu nous a livré la plénitude de ses secrets par son Verbe incarné, le chrétien ne cherche pas ailleurs d'autres messages divins. C'est ce qu'explique parfaitement saint Jean de la Croix :

« Celui qui maintenant voudrait interroger Dieu ou qui demanderait soit une vision, soit une révélation, non seulement commettrait une absurdité, mais ferait injure à Dieu, parce qu'il cesserait de fixer les yeux sur le Christ et voudrait quelque chose d'autre et de nouveau. Dieu pourrait lui répondre : "Puisque Je t'ai dit toutes choses dans ma Parole, qui est mon Fils, il ne me reste plus rien à te répondre ou à te révéler. Fixe les yeux sur Lui seul car J'ai tout renfermé en Lui : en Lui J'ai tout dit et tout révélé. Tu trouveras en Lui au-delà de ce que tu peux désirer et demander. Tu demandes une parole, une révélation, une vision partielle : si tu attaches les yeux sur Lui, tu trouveras tout en Lui. Il est toute ma parole, toute ma réponse, Il est toute ma vision et toute révélation. Je vous ai tout répondu, tout dit et tout manifesté, tout révélé en vous Le donnant pour frère, pour compagnon, pour maître, pour héritage et pour récompense. Depuis le jour où Je suis descendu sur Lui avec mon Esprit au sommet du Thabor, en prononçant ces paroles : Celui-ci est mon Fils bien-aimé en qui J'ai placé mes complaisances, écoutez-Le, J'ai mis fin à tout autre enseignement, à toute autre réponse. Je les Lui ai confiés. Écoutez-Le, car je n'ai plus rien à révéler, plus rien à manifester[1]." »

Écouter Dieu lui parler, c'est donc pour un chrétien relire pour la énième fois un passage de la Bible – comme une

1. *Montée du Carmel,* livre II, chap. 22, § 5.

amoureuse ne cesse de relire une lettre de son bien-aimé – pour y découvrir à la fois son amour et ses exigences d'amour.

Si trop souvent nous avons l'impression que Dieu ne nous parle pas, c'est que nous n'ouvrons pas assez notre Bible. Persuadés à juste titre que Dieu nous parle à travers les événements du monde et nos rencontres quotidiennes, nous finissons par oublier qu'Il nous parle surtout à travers la Bible.

C'est notamment dans la Parole de Dieu que nous devons puiser les armes à utiliser pour ne pas nous laisser influencer par les slogans trompeurs du Malin :

– n'exagère pas dans tes pénitences :
  tu vas y laisser ta santé !
– ne désire pas te perdre en Dieu :
  c'est de l'évasion mystique !
– ne fais pas de longues oraisons :
  c'est réservé aux contemplatifs !
– ne te confesse pas trop souvent :
  ça développerait tes scrupules !
– ne sois pas trop bon pour les autres :
  il ne faut pas être poire !

En ouvrant régulièrement la Bible, nous trouvons toute une série de missiles capables de torpiller ces arguments fallacieux :

– n'exagère pas ?
  « Soyez parfaits comme votre Père du ciel » !
– ne te perds pas en Dieu ?
  « Votre vie est cachée avec le Christ en Dieu » !
– ne sois pas trop bon ?
  « Pardonne soixante-dix fois sept fois » !

> Si la Bible se couvre de poussière,
> le Diable n'en a plus peur.

Il est vrai que les textes bibliques ne nous apportent pas une réponse immédiate aux questions que nous nous posons dans la conduite de notre vie. Mais Jésus nous a promis que, par son Esprit, nous serions conduits « vers la Vérité tout entière » (Jn 16, 13).

Et la Tradition chrétienne appelle « dons du Saint-Esprit » les « antennes », les « radars » qui nous permettent de capter les messages que, par son Esprit, Dieu veut nous adresser.

Reprenant l'enseignement des Pères du désert, saint Ignace de Loyola a systématisé les « règles du discernement des esprits » qui nous permettent – avec l'aide d'un « accompagnateur spirituel » – de ne pas confondre les inspirations de l'Esprit-Saint avec les suggestions du Malin.

« Ceux qui vont de péché mortel en péché mortel », remarque Ignace, l'ennemi a coutume de les laisser tranquilles dans leur recherche effrénée de plaisirs : le bon Esprit, au contraire, aiguillonne leur conscience ; Il les inquiète.

« Quant à ceux qui travaillent avec ardeur à se purifier de leurs péchés et qui vont de bien en mieux dans le service de Dieu », le mauvais esprit s'arrange pour les inquiéter, les attrister, afin de retarder leur marche vers Dieu. En revanche, le propre du bon Esprit est de toucher l'âme « doucement, légèrement, suavement, à la manière d'une goutte d'eau qui pénètre une éponge ».

Dieu est en effet un Dieu de paix et le fruit de l'Esprit qu'Il nous envoie est « charité, paix, joie, longanimité, serviabilité, bonté, confiance dans les autres, douceur, maîtrise de soi » (Ga 5, 22).

Quand l'idée de prendre telle orientation de vie s'accompagne d'une grande paix, il y a donc tout lieu de penser qu'elle vient de Dieu. Encore faut-il prendre le temps de laisser mûrir notre désir dans la prière et ne pas précipiter notre décision.

Il est vrai que des êtres mettent parfois beaucoup de temps à trouver leur véritable vocation. Malgré l'accompagnement d'un père spirituel exceptionnel – l'abbé Huvelin –, Charles de Foucauld changea sans cesse d'orientation. C'est avec joie qu'il était entré à la Trappe de Notre-Dame-des-Neiges, mais sa place était ailleurs.

3. Dieu nous parle dans le silence

Quand la Bible nous parle de l'expérience spirituelle dont Élie bénéficie sur l'Horeb, il est dit que le prophète ne rencontra le Seigneur ni dans un vent violent, ni dans un tremblement de terre, ni dans un feu, mais dans « la voix d'un silence ténu[1] ».

Malheureusement la plupart des traducteurs n'ont pas respecté l'humour du texte sacré. Ce n'est pas dans une brise légère que Dieu s'est révélé au prophète, mais dans un grand silence. À la différence de la théophanie dont avait joui Moïse quelques siècles plus tôt, la rencontre d'Élie avec Dieu s'est faite en l'absence de toute représentation sensible et dans un silence absolu. Dans sa pédagogie pleine de sagesse, Dieu nous fait ainsi comprendre que pour L'entendre, nous devons d'abord apprendre à nous taire !

Aussi tous les maîtres de vie spirituelle répètent-ils à l'envi que le climat de silence est indispensable à toute rencontre quelque peu profonde avec le Seigneur. Comme le dit Jean de la Croix : « Le Père a dit une Parole qui est son Fils (Jn 1, 18) et Il la dit toujours dans un éternel silence. C'est dans le silence que l'âme l'entend[2]. »

C'est même dans le silence et la solitude du désert que le Seigneur nous invite à nous enfoncer pour y retrouver notre ferveur première. N'est-ce pas dans le désert du Sinaï que le peuple hébreu a vécu une période merveilleuse de fiançailles avec son Dieu ?

Je vais la séduire
 je la conduirai au désert
 et je parlerai à son cœur.
Là, elle me répondra
 comme au jour de sa jeunesse

Osée 2, 16-17.

1. Ainsi faut-il traduire le mot *demana* dont la racine verbale *daman* signifie « devenir immobile ou silencieux » (Michel MASSON, *Élie ou l'appel du silence*, Éd. du Cerf, 1992, p. 219).

2. *Maxime* 98, dans l'édition établie par Dominique Poirot, Éd. du Cerf, 1990.

Certes, il n'est pas nécessaire de partir en plein Sahara pour y rencontrer Dieu, mais il est bon de se retirer du monde régulièrement, dans un grand silence contemplatif, pour se mettre davantage à son écoute. À l'abri des décibels que déversent les amplificateurs qui abrutissent trop souvent nos oreilles, nous percevons mieux sa Parole. Et dans le désert, loin des enseignes lumineuses, nous voyons briller beaucoup mieux les étoiles qu'Il allume dans les nuits de notre vie pour nous manifester sa présence.

Il existe, remarque Paul Claudel, une « musique du silence ». C'est sur elle qu'habituellement Dieu se plaît à diffuser ses messages.

Que pouvez-vous nous dire sur les signes de Dieu ?

Les signes sont partout, mais on ne sait pas les déchiffrer. Ce qui a permis à Champollion de déchiffrer les hiéroglyphes, c'est une intuition subite. Il s'est dit : Ah ! je comprends, je comprends au moins un mot et après on arrive à tout déchiffrer.

Je crois qu'il faut être très attentif à Dieu parce qu'Il a, j'allais dire, un défaut. Il n'a pas un défaut, c'est une caractéristique que nous, hommes, nous n'avons pas. *Nous sommes tonitruants. Il est extraordinairement murmurant,* Il ne fait pas de bruit. Il ne tape pas avec des grands machins sur les murs de nos vies. C'est tout petit, la signature de Dieu, c'est tout petit.

DIDIER DECOIN,
conférence donnée à Toulon, le 23 juin 1992.

Les chrétiens osent croire que Dieu est un Dieu qui parle. Le Verbe qu'Il ne cesse de prononcer dans le secret de sa vie trinitaire s'est introduit dans notre histoire. Après avoir parlé par la bouche des prophètes, Il est venu Lui-même sur notre planète et s'est mis à parler avec des mots et des gestes humains :

Le Verbe de Dieu s'est fait chair
Et Il a habité parmi nous !

Lorsque nous sommes impressionnés par le silence apparent du Seigneur dans notre vie, rappelons-nous tout ce qu'Il est venu nous dire « sous Ponce Pilate » : un message d'amour à réécouter sans cesse dans le silence de notre prière.

Pour parvenir à une foi inconditionnelle en la tendresse de Dieu pour nous au milieu des difficultés auxquelles nous sommes sans cesse confrontés dans la grisaille ou les tempêtes de nos vies, il faut nous remettre inlassablement à l'écoute de l'Écriture. Il nous faut entendre le Seigneur nous redire jour après jour : « Tu as du prix à mes yeux, et Moi, Je t'aime » (Is 43, 4) ; « Comme le Père M'a aimé, Moi aussi, Je vous ai aimés ! Demeurez dans mon amour » (Jn 15, 9).

Nous pouvons alors Lui répondre aux heures les plus sombres de notre existence, avec une infinie confiance : « Ta Tendresse est sans mesure » (Ps 119, 156).

Et nous sommes à même de devenir les porte-parole de la Bonne Nouvelle que nous avons mission de proclamer « sur tous les toits » (Mt 10, 27).

Charles de Foucauld

Une recherche inlassable de la Volonté de Dieu

Charles de Foucauld a cherché toute sa vie ce que Dieu attendait de lui. S'il a reçu la grâce de comprendre, au moment même de sa conversion, qu'il devait consacrer à Dieu toute sa vie – et la grâce de répondre immédiatement « oui » à cet appel –, il n'a jamais cessé de remettre en question ses options précédentes, du fait qu'elles lui paraissaient ne plus correspondre à la volonté du Seigneur sur lui.

Après s'être demandé s'il ne devait pas entrer chez les Bénédictins de Solesmes, il choisit la Trappe. Mais le monastère de Notre-Dame-des-Neiges lui paraît encore trop riche, alors qu'il était l'un des plus pauvres de France ; celui d'Akbès, en Syrie, ne le satisfait pas davantage : il n'y vit pas la condition précaire et instable des salariés agricoles du pays. Et c'est le séjour chez les Clarisses de Nazareth, dans une cabane de jardinier.

Peu à peu une autre évidence grandit dans son esprit : après avoir répété maintes et maintes fois à l'abbé Huvelin qu'il n'était pas fait pour le sacerdoce, voici que retentit dans son cœur l'appel à devenir prêtre. Il fallait être solide, comme l'était l'abbé Huvelin, pour ne pas être désarçonné par ces revirements à 180 degrés dans les aspirations du converti.

Ordonné prêtre à Viviers en 1901, le voici installé à Béni-Abbès, en Algérie, à la frontière du Maroc. Son rêve ? Pénétrer un jour dans ce pays merveilleux, qu'il avait exploré huit ans plus tôt, pour y semer l'Évangile. En attendant, il se propose de mener à Béni-Abbès une vie d'ermite : son horaire est très proche de celui de la Trappe et de Nazareth. Mais son ermitage est de plus en plus envahi par les indigènes et les soldats, heureux de profiter de son exceptionnel accueil. Charles comprend définitivement qu'il devra désormais se laisser bousculer par toutes les détresses qui l'entourent. Il écrit à Marie de Bondy le 7 janvier 1902 : « Je veux habituer tous les habitants chrétiens, musulmans, juifs et idolâtres, à me regarder comme leur frère, *le frère universel.* »

Sans l'avoir davantage prémédité, il consacre une bonne partie de ses énergies à lutter contre l'esclavage dans lequel croupissent encore tant de Noirs. Il rachète et libère un par un tous ceux qui viennent à lui. Son exemple finira d'ailleurs par faire pression sur l'administration coloniale, puisqu'à la fin de l'année 1904 on prend des mesures efficaces pour supprimer l'ignoble institution.

En la fête de Noël 1902, il prie encore la bienheureuse Marguerite-Marie de lui obtenir la grâce de célébrer sous peu la messe au Maroc... Mais bientôt il se retrouve au beau milieu des Touaregs. Le 11 août 1905, il s'installe définitivement à Tamanrasset.

Est-ce à dire que le frère Charles n'a plus à chercher la volonté de Dieu sur lui ? Non point ! Il comprend assez vite que, pour mieux servir les Touaregs, il doit connaître leur langue. Et comme il ne fait jamais rien à moitié, l'ermite se transforme en linguiste. Dix années durant, il remplit 2 028 pages de sa fine écriture, rédigeant ainsi le premier dictionnaire targui-français.

Et l'on sait aujourd'hui que, s'il fait en 1911 un long séjour à l'Assekrem, ce n'est point pour contempler l'étonnant panorama dont on jouit sur ce sommet du Hoggar, mais pour y rencontrer des familles de nomades et recueillir d'autres proverbes de leur sagesse ancestrale.

Survient la guerre. Elle tue beaucoup de ses anciens camarades de promotion. Charles se demande s'il ne doit pas revenir en France participer à la lutte contre l'envahisseur. On lui fait comprendre que son devoir est de rester dans le Hoggar. En 1916, pour défendre les Touaregs contre les incursions des Sénoussistes, il construit un fortin et s'y installe le 23 juin. C'est là qu'il tombera cinq mois plus tard le 1er décembre.

Ainsi, pendant trente ans, de 1886 à 1916, Charles a cherché sa voie. Les yeux fixés sur Jésus, le « modèle unique », recopiant inlassablement les paroles de l'Évangile en les classant par thèmes, il a supplié l'Esprit-Saint de lui montrer jour après jour comment il devait incarner dans sa vie la foi, l'espérance, la charité, l'humilité, l'obéissance et la douceur évangéliques.

Quel exemple pour nous ! Un exemple toujours actuel. Il ne manque pas en effet d'hommes et de femmes – et particulièrement de jeunes – qui cherchent aujourd'hui quel est exactement le plan de Dieu sur eux. Leur recherche n'en finissant pas d'aboutir, ils se demandent parfois avec angoisse si cette lenteur à découvrir leur vocation n'est pas due à quelque mauvaise volonté de leur part, à quelque résistance de leur cœur aux inspirations de l'Esprit... L'exemple du frère Charles peut les aider à poursuivre leur quête avec patience.

Quand nous sommes obligés de faire du « slalom » sur la piste en contournant l'un après l'autre tous les obstacles qui s'y trouvent, n'oublions pas que le Seigneur reste avec nous. Il nous accompagne sur toutes les routes de notre existence, même lorsque celles-ci s'avèrent des impasses et que nous sommes obligés de revenir en arrière. Qu'importe si l'itinéraire suivi ne nous semble pas logique !

L'essentiel est que sa Volonté se fasse en nous ; l'essentiel est de se remettre entre ses mains sans mesure, avec une infinie confiance, car Il est notre Père.

C'est la prière qu'il composa en 1896 à la Trappe d'Akbès (lorsqu'il était encore frère Marie-Albéric) :

Mon Père,
    Je m'abandonne à Toi,
Fais de moi ce qu'il Te plaira.
Quoi que Tu fasses de moi,
    je Te remercie,
    je suis prêt à tout,
    j'accepte tout.
Pourvu que Ta Volonté se fasse en moi,
en toutes Tes créatures,
je ne désire rien d'autre, mon Dieu.

Je remets mon âme entre tes mains.
Je Te la donne, mon Dieu,
avec tout l'amour de mon cœur,
    parce que je T'aime
et que ce m'est un besoin d'amour
    de me donner,
    de me remettre entre Tes mains
    sans mesure,
    avec une infinie confiance
car Tu es mon Père.

Un Père se plaît toujours à faire de belles surprises à ses enfants. Il sait mieux qu'eux ce qui convient à chacun. Mais, comme nous l'avons vu dans le chapitre 2, le calendrier de Dieu ne coïncide pas forcément avec le nôtre. Le frère Charles en a su quelque chose.

Pendant des années il a senti que Dieu l'appelait à fonder une « petite congrégation » pour mener la vie de Nazareth, une congrégation de Petits Frères et de Petites Sœurs du Sacré-Cœur vivant uniquement du travail de leurs mains. Dès le 22 septembre 1893, frère Marie-Albéric expose son projet à l'abbé Huvelin. Et le frère Charles ne cessera de mettre au point leurs constitutions. Mais il meurt seul, sans aucun disciple. C'est seulement en 1933 que naîtront les Petits Frères de Jésus et les Petites Sœurs du Sacré-Cœur.

Tel Abraham, il a cru que lui serait donnée une postérité, mais il a offert à Dieu le sacrifice de ne pas en voir la première ébauche. Pour que le grain porte du fruit, il doit s'enfouir dans la terre et y mourir.

Cette leçon d'espérance est plus que jamais d'actualité. Devant la lenteur de nombreuses communautés chrétiennes à retrouver un second souffle ou devant le retard de toutes ces conversions pour lesquelles nous supplions le Seigneur depuis des années, le frère Charles nous exhorte à ne jamais désespérer.

« Ne pas espérer, écrit-il à Nazareth, est peut-être le crime le plus grave que l'homme puisse commettre, car c'est le plus directement injurieux à la bonté de Dieu, au cœur de Jésus. C'est nier son amour, sa miséricorde, son infinie bonté, et cela après que son cœur a été percé pour nous, cela après l'Incarnation, la Passion et la Croix. »

Le cosmos tout entier
N'est qu'un pâle reflet
De l'intense beauté
Du Christ ressuscité.

~

Rumine l'Évangile
Car en ses mots jubile
Le bonheur d'être aimé
De toute éternité.

~

Les hommes se noient dans le bruit,
Dieu les sauve en créant la nuit.

~

Toi qui connais les bruits de ton moteur,
Reconnais les appels du Seigneur.

~

Aux instants de désespérance
Jésus vient vers toi en silence.

~

Accepte qu'éprise de Dieu
Il te paraisse à mille lieues,
Puisque l'étreinte n'est qu'aux cieux.

Marie BAUDOUIN-CROIX

Conclusion

Suivez toutes les prescriptions

Prolongeant un propos de saint François de Sales sur le rôle essentiel de l'amour de Dieu dans la vie spirituelle du chrétien, Albino Luciani – le futur Jean Paul Ier – écrivait : « On veut rendre meilleurs les gens ? Qu'ils commencent à aimer Dieu ; une fois cet amour allumé dans leur cœur, le reste viendra de soi. La médecine moderne constate qu'on ne peut guérir une maladie locale si on ne rétablit pas la santé du corps dans son ensemble par une hygiène générale et des reconstituants[1]. »

Cette loi, nous avons pu la vérifier tout au long de ces pages. Comment venir à bout de son orgueil ou de sa jalousie si le cœur n'est pas polarisé par Dieu, si l'on n'a pas encore découvert la joie de L'aimer par-dessus tout ? Mais comment goûter Dieu, quand on est encore esclave de sa sensualité ou trop attaché à son argent ?

Chacun sait néanmoins qu'il ne suffit pas de revenir chez soi avec une bonne ordonnance médicale pour être guéri. Il faut encore la lire attentivement et avoir assez de courage pour en appliquer rigoureusement toutes les prescriptions.

Laissez-vous saisir par le Christ

La merveille, c'est que Jésus ne se contente pas de prescrire des remèdes. Il est lui-même le Remède, puisqu'il vient au plus intime de notre cœur pour le purifier, le fortifier et le guérir. C'est dire toute l'importance de l'Eucharistie pour la bonne santé de notre vie spirituelle.

1. *Humblement vôtre*, Nouvelle Cité, 1978, p. 134.

Si l'Église insiste tant sur notre participation régulière à la messe, c'est qu'elle est le lieu où s'opère une merveilleuse transfusion. De par sa résurrection d'entre les morts, le corps du Christ est devenu la source d'eau vive capable de désaltérer et de vivifier des milliers de cœurs. On ne devient pas seulement chrétien en regardant le Christ et en essayant de L'imiter dans son comportement quotidien ; il faut se laisser imprégner par l'Esprit dont Il est Lui-même rempli et qu'Il fait déborder en notre cœur en nous donnant son corps en nourriture. Dans l'élan de cet Esprit, nous pouvons bondir vers le Père avec un cœur d'enfant et Lui dire avec amour : *Abba !*

Source d'eau vive jaillissant en nos cœurs (Jn 4, 10 ; 7, 37-39), Jésus est aussi Celui en qui nous demeurons (Jn 6, 56). Saint Paul ne cesse de nous dire que nous sommes « dans le Christ Jésus » : la formule revient cent soixante-quatorze fois sous sa plume. Il faut prendre l'expression à la lettre, comme l'ont fait tous les grands saints de notre histoire – un saint François d'Assise, un saint Bernard, une sainte Thérèse d'Avila. Nous sommes vraiment, depuis notre baptême, dans les mains de Jésus, et chacune de nos communions est destinée à renforcer cette emprise. Lorsque nous revenons de la table eucharistique, nous n'avons qu'une chose à faire : nous laisser empoigner par le Christ, dont les mains toutes-puissantes sont capables de façonner notre cœur à l'image du sien, de le faire brûler du véritable amour.

Ayez une âme de vainqueur

Il est vrai qu'il restera toujours difficile de vivre l'Évangile jour après jour. La vie chrétienne est un combat. Paul le rappelle plus d'une fois à la fin de ses lettres. « Ce n'est pas contre des adversaires de chair et de sang que nous avons à lutter, mais contre les Principautés, contre les Puissances, contre les Régisseurs de ce monde de ténèbres, contre les Esprits du Mal qui habitent les espaces célestes » (Ep 6, 12). Un combat à mener, précise l'apôtre, avec le glaive de la Parole de Dieu.

Ce qui nous permet effectivement de triompher des tentations qui nous assaillent tout au long de notre existence, ce sont bel et bien, nous l'avons vu, des paroles de l'Écriture : elles sont vraiment les armes grâce auxquelles nous pouvons sortir victorieux des difficultés rencontrées dans notre vie quotidienne.

« N'ayez pas peur ! » proclamait Jean Paul II le soir même de son élection. Il répercutait ainsi l'exhortation que Dieu nous adresse si souvent dans la Bible. « Dans le monde vous aurez à souffrir », disait Jésus à ses disciples avant de les quitter. « Mais gardez courage ! J'ai vaincu le monde ! » (Jn 16, 33.)

C'est avec une âme de vainqueur que nous devons chaque matin reprendre la lutte. Nous y sommes les plus forts, puisque nous pouvons compter sans cesse sur tous nos alliés du ciel et de la terre et que les épaules du Bon Pasteur sont toujours là pour porter la brebis qui reconnaît sa fragilité et le besoin qu'elle a de Lui.

Et lorsque, dans son orgueil, il lui arrive de tomber et de se blesser sur le chemin parce qu'elle a voulu y gambader toute seule, il lui suffit de tourner les yeux vers son Pasteur pour être immédiatement pardonnée et guérie. Il est même tout heureux de lui dire une fois de plus : « Je ne suis pas venu pour les justes, mais pour les pécheurs. »

On ne le dira jamais assez, le grand secret qui permet au chrétien de surmonter les obstacles qui se dressent sur sa route, c'est sa foi au mystère pascal, c'est la certitude qu'il a de pouvoir toujours confier sa faiblesse entre les bras du Ressuscité. Comme le chante Thérèse de Lisieux dans l'un de ses plus beaux poèmes eucharistiques :

> Entre ses bras divins, je ne crains pas l'orage
> Le total abandon, voilà ma seule loi
> Sommeiller sur son cœur, tout près de son visage,
> Voilà mon Ciel à moi[1] !

1. PN 32, 4.

Sigles utilisés pour les citations de Thérèse de Lisieux

Ms A	Manuscrit autobiographique, dédié à mère Agnès de Jésus (1895).
Ms B	Lettre à sœur Marie du Sacré-Cœur (1896).
Ms C	Manuscrit autobiographique, dédié à mère Marie de Gonzague (1897).
CJ 15.8.6	Carnet jaune de mère Agnès de Jésus, 6ᵉ parole dite par Thérèse le 15 août 1897, dans *Derniers Entretiens*, Éd. du Cerf, 1992.
CSG	*Conseils et souvenirs* publiés par sœur Geneviève (Céline), coll. « Foi vivante », Éd. du Cerf, 1973.
LT	Lettres de Thérèse, numérotées, dans *Correspondance générale*, Éd. du Cerf, 1992.
PN	Poésies de Thérèse, dans *Poésies*, Éd. du Cerf — Éd. Desclée de Brouwer, 1992.

Table des matières

Impression réalisée sur CAMERON par
BRODARD ET TAUPIN
La Flèche

pour le compte des Éditions Fayard
en août 1997

Imprimé en France
Dépôt légal : août 1997
N° d'édition : 4202 – N° d'impression : 6290S-5
ISBN : 2-866-79228-9
35-55-9872-03/9